¡Eso sí! I

Spanisch für Anfänger

von
Joaquín Masoliver
Ulla Håkanson
Gunilla Sandström

Zeichnungen von
Göran Lindgren

Ernst Klett Verlag für Wissen und Bildung
Stuttgart - Dresden

¡Eso sí! I

von

Ulla Håkanson,
Joaquín Masoliver,
Gunilla Sandström

Bearbeitung der deutschen Ausgabe
durch die Verlagsredaktion Weiterbildung Fremdsprachen

Bearbeitung dieses Werkes:
Dr. Carlos Segoviano
Sabine Segoviano-Rosenblum
Cristina Palaoro

1. Auflage 1 5 4 3 | 1994 93 92

Alle Drucke dieser Auflage können im Unterricht nebeneinander benutzt werden, sie sind untereinander unverändert. Die letzte Zahl bezeichnet das Jahr des Druckes.

Umschlaggestaltung: Dieter Gebhardt, Asperg.
Satz: Setzerei Lihs, Ludwigsburg.
Druck: KLETT DRUCK H.S. GmbH, Korb. Printed in Germany.
ISBN 3-12-514410-8

Inhaltsverzeichnis

¡Eso sí!
Werkübersicht

¡Eso sí! I – Spanisch für Anfänger

Lehrbuch. Klettbuch 51441
Arbeitsbuch. Klettbuch 51445
Lösungsheft. Klettbuch 51442
Lehrerband. Klettbuch 51443
2 Compact-Cassetten. Alle Lehrbuchtexte, Hörverstehensübungen und Lieder. Klettnummer 51447
Testaufgaben. Klettbuch 51446
Grammatische Zusatzübungen Lektionen– 1-20. Klettbuch 514451
Grammatische Zusatzübungen Lektionen– 21-40. Klettbuch 514452

¡Eso sí! I – Superlearning 51448

1 Entspannungscassette
8 Lerncassetten
1 Begleitbuch

¡Eso sí! II – Spanisch für Fortgeschrittene

Lehrbuch. Klettbuch 51451
Arbeitsbuch. Klettbuch 51455
Lösungsheft. Klettbuch 51452
Lehrerband. Klettbuch 51453
3 Compact-Cassetten. Alle Lehrbuchtexte, Hörverstehensübungen und Lieder. Klettnummer 51457
Testaufgaben. Klettbuch 51456
Grammatische Zusatzübungen. Klettbuch 514551

Inhalt – Índice de materias

- Nur die wichtigsten kommunikativen Lernziele („Sprechintentionen – ¿Cómo se dice en español?“) werden bei jeder Lektion aufgeführt.
- In der Spalte „Grammatik – Vokabular“ erscheinen zuerst die zentralen grammatischen Strukturen jeder Lektion, anschließend werden die wichtigsten „kontrastiven“ Vokabeln und Wendungen aufgelistet. Die in Klammern stehenden Strukturen sollen zunächst rein lexikalisch behandelt werden, als grammatische Phänomene werden sie in späteren Lektionen durchgenommen.

Situación - Tema *Situation - Thema*	*¿Cómo se dice en español?* *Sprechintentionen*	*Gramática - Vocabulario* *Grammatik - Vokabular*
5 Soy Belén - Soy de España		Página/Seite 22
- Gespräch über verschiedene Regionen und Sprachen in Spanien	Gespräch einleiten und darauf reagieren - landeskundliche Informationen einholen - Überzeugung ausdrücken - bestätigen, daß etwas so ist - Tatbestand nach Ort einordnen - bedingt widersprechen - Erstaunen ausdrücken	*los, las - hay - se habla - famosas, bonitas* *oye - entre - el norte, el sur, el este, el oeste - menos - cerca de - además de* *(mucho, -a, -os, -as)*
6 Al centro		Página/Seite 24
- Als Tourist in einer fremden Stadt (auf der Straße, im Autobus) - Ortskundige werden um Auskunft gebeten	Orts- und Richtungsangaben erfragen und machen - Verkehrsmittel erfragen und angeben - sich verabschieden - Dienst anbieten - dankend ablehnen - nach einer Haltestelle fragen - Verkehrsmittel genauer beschreiben - Anzahl erfragen - unsicher darauf reagieren - sich bedanken	*ir a ..., ir en ...* *- a la, al -* Präsens Sing.: *ir -* *del -* *¿cómo vas? -* *o, u* *hasta mañana - muchas gracias - por favor - perdón - cerca de*
7 En el centro de la ciudad		Página/Seite 26
- Auf der Suche nach einem bestimmten Hotel/einem Fremdenverkehrsbüro/einer Apotheke ...	jdn ansprechen und nach einer bestimmten Pension fragen - Information nicht geben können und an andere verweisen - grüßen - nach den Wünschen fragen - widersprüchliche Angaben machen - Ort genau bestimmen - nach Geschäften fragen - nach Entfernung fragen	Plural *-es* - Relativpronomen *que* *ir a pie - pesa mucho - ¡Cuántos hoteles hay! - ¿Qué desea? ¿Qué busca? - No, hombre. - De nada.* *(por aquí cerca) - (allí - allí enfrente)*
8 La capital de España		Página/Seite 28
- Leben und arbeiten in Madrid - Positive und negative Aspekte einer Großstadt	landeskundliche Informationen einholen/erteilen	*del, de la - están, son - millón, millones (de)* - Verben *-ar:* Präsens, 3. Person Plural *sobre todo - es decir - alrededor de - ciudad(es)-dormitorio - durante - hay de todo* *(todas las, todos los) - (la ciudad más grande) - (su)*
9 Una individual sin ducha - Deletrear en español		Página/Seite 30
- Gespräch an der Hotelrezeption - Namen buchstabieren	grüßen - nach dem Befinden fragen - nach den Wünschen fragen - ein Zimmer verlangen - nach dem Zeitraum fragen - Zeitangaben machen - einen Ausweis verlangen	*¿verdad? - Está bien. - ¿Cuánto tiempo? - A ver ... -* Wochentage - Zahlen 1-10 - *Da igual. - otra vez -* Buchstabieralphabet *(Lo siento.) - (cinco mil)*

Situación - Tema *Situation - Thema*	*¿Cómo se dice en español?* *Sprechintentionen*	*Gramática - Vocabulario* *Grammatik - Vokabular*
10 En casa de los Gómez		Página/Seite 32
- Alltag, Familie, Tätigkeiten - Beim Abendessen im Eßzimmer	jdn nach seinem Befinden fragen - darauf reagieren - fragen, was es zu essen gibt - Begeisterung ausdrücken - das Fernsehprogramm erfragen - abwertend reagieren - widersprechen	*otro trabajo - hay/está, están* *Nada especial. - ¡Qué rico! - porque - todos juntos - unas fotos* *(Cuando termina ..., Cuando llegan ...) - (Antes de ir ...)* - (Adjektive) - *(no es nada ...)*
11 Después de cenar - Ofertas de empleo		Página/Seite 34
- Gespräche über Stellenanzeigen - Beispiele für Zeitungsannoncen	Stellenangebote in der Zeitung (abwertend, abwägend) kommentieren - Vorschlag unterbreiten - positiv darauf reagieren	Verben *-ar:* Präsens - Infinitiv *-ar* Zahlen 20-99 - *Si ya gano ... - Eso sí. - ¡Qué machistas! - Nada del otro mundo. - ¿por qué? - una hora de viaje - A ver si ... - preguntar por* *(después de cenar) - (para llegar) - (mira) - (pones) - (tú)*
12 ¿Adónde vamos?		Página/Seite 35
- Möglichkeiten der Freizeitgestaltung (Diskothek, Kino)	Langeweile äußern - zum Spaziergang auffordern - nach der Uhrzeit fragen - Uhrzeit angeben - jdn nach seinen Freizeitplänen fragen - Auskunft über Pläne geben	Präsens *ir* - Uhrzeit: *¿Qué hora es? Son las .../Es la ...* *¿Adónde? - ¡Qué rollo!* - 1950 - *¿Damos una vuelta? - los Sánchez - Vale. - Hay gustos para todo. - Hasta luego.* *(¿te quedas?) - (ponen)*
13 ¿Cuántos años tienes? - No tengo cambio		Página/Seite 36
- Ergebnisse einer Umfrage unter Schülern, Jugendlichen und jungen Erwachsenen - Fragen nach dem Alter - Kinokarten	Statistik auswerten - Eintrittskarten verlangen - nach dem Alter fragen und darauf antworten - Bedauern ausdrücken - Einwand vorbringen - auf seinem Standpunkt beharren - nach dem Preis fragen - Preis nennen - Wechselgeld herausgeben	Präsens *tener - más de, menos de - tener* + Alter: *¿Cuántos años tienes? Tengo ...* - Personalpronomen - *¿Cuánto es?* *entre, hasta, aprox., según - ¿qué se lleva? - por cierto - ¡Pero si no hay gente! - ¡Qué pena!* - Zahlen 100-900 *(Lo siento) - (mayores/menores de 18 años) - (déme) - (un momentito)*

Situación - Tema *Situation - Thema*	*¿Cómo se dice en español?* *Sprechintentionen*	*Gramática - Vocabulario* *Grammatik - Vokabular*
14 En la agencia de viajes - Vacaciones		Página/Seite 38
- Vorstellungsgespräch - Ferienpläne	sich begrüßen - sich vorstellen - über seine Besuche im Ausland sprechen - über den Aufenthalt im Gastland sprechen - Gründe für den Aufenthalt nennen - über die Schulbildung sprechen - jdn auffordern, etwas zu zeigen - Urlaubsziel erfragen - unentschlossen reagieren - eigene Ferienpläne genau schildern	Verben *-ar:* Perfekt - *unos 25 años* - Perfekt *ir* - *llevar* + Zeitausdruck *¡Qué bien! - primero ..., luego ... - un poco de ...* *(para hablar) - (durante)*
15 Salamanca - En Correos		Página/Seite 40
- Blick auf Salamanca - Auf der Post	einen Vorschlag machen und darauf eingehen - Bewunderung ausdrücken - Besitzer eines Gegenstandes bestimmen - nach dem Postamt fragen - genaue Ortsangabe machen - sich bedanken und darauf reagieren - Briefmarken kaufen - den Bestimmungsort/den Preis erfragen	Genitiv: *de, del, de la - enfrente (de) - a orillas de - delante* *siglo XII, siglo XVI - ¡Vaya coche! - No hay de qué.* *(perdone) - (déme)*
16 Fiestas y Festivales - El Camino de Santiago - Hoy es el 15		Página/Seite 42
- Feste in Spanien und Lateinamerika - Auf der Suche nach Informationsmaterial - Der Jakobsweg - Fragen nach dem Datum	Über religiöse und lokale Feste sprechen - Tag/Monat angeben - Informationstext auswerten - Auskunft einholen - jdm Glück wünschen - jdn nach Herkunft fragen - sagen, woher man kommt - über eigene Reisepläne berichten - Neid ausdrücken - Vorschlag machen und annehmen - nach dem Datum fragen und darauf antworten	*¿Cuándo?* - Datum, Monate - Präsens *ser* - *todo el, toda la, todos los, todas las* *No sé por qué ... - ¡Mucha suerte! - ¿De qué ciudad? - ¡Hombre! - ¿De verdad? - ¡Qué envidia!*
17 En la cafetería		Página/Seite 44
- In der Cafeteria	jdn nach seinen Wünschen fragen - etwas zu essen und zu trinken bestellen - jdm etwas vorwerfen - jdn zurechtweisen	*al lado de - muy, mucho - tener que* + Infinitiv - *(no) me gusta* *por la mañana - los dos - ¡Cómo no! - ¡Por supuesto! - muchas veces* *(antes de ir) - (para terminar) - (encima de)*

Situación - Tema *Situation - Thema*	*¿Cómo se dice en español?* *Sprechintentionen*	*Gramática - Vocabulario* *Grammatik - Vokabular*
18 Librería-Papelería - La bicicleta - Está prohibido		Página/Seite 46
- Bücher und Schreibwaren - Im Parkverbot	einen Stadtplan/Kugelschreiber ... verlangen - Preise erfragen und vergleichen - ablehnen - Farben benennen - weitere Wünsche erfragen - Zugehörigkeit/Besitz ausdrücken - Beschwerde äußern - Stellung nehmen - Ratschlag geben	Adjektive: *alto, enorme, azul, negra, gruesas, baratos - cerca de, a la derecha/izquierda de, encima de, debajo de, delante de* *lápiz, lápices - muchos de los - ¿Algo más? Nada más. - aquí al lado - unas 400 conchas* *(el que) - (otros) - (cuesta) - (toma)*
19 De paso por Elche - Un descanso - ¿Escribimos una postal?		Página/Seite 48
- Blick auf Elche - Eine Erfrischung zu sich nehmen - Ansichtskarten suchen - Von sich erzählen	landeskundliche Informationen geben und erhalten - Bewunderung äußern - persönliche Bedürfnisse äußern - Wünsche erfragen und äußern - Zufriedenheit äußern - etwas bestellen - jdn nach seiner Herkunft fragen - darauf reagieren - über die eigene Person erzählen - einen Vorschlag machen und diesen annehmen	Verben *-er:* Präsens - Verben *-er* mit Diphthong *e > ie - no ... nada - algo* - Verben *-ir:* Präsens - *¿Te gusta ..?* *Creo que sí. ¡Oiga! ¡Diga! - trabajar de - ¡ (No,) qué va!* *(más de + Zahl) - (la obra más importante) (para mí) (desde hace)*
20 Un día completo - A lo mejor voy		Página/Seite 50
- Gespräch über Arbeitszeiten und Abendschule - Freizeitpläne	nach Studium/Arbeit fragen - über Arbeitszeit sprechen - Preise erfragen - Freizeitpläne erörtern - Hoffnung ausdrücken	Verben *-ar* mit Diphthong *e > ie, o > ue - no ... hasta* *Es que... ¡Qué va! - Qué vida! Hasta pronto - Otra vez será.* *(irme) - (dicen) - (será)*
21 Una cita		Página/Seite 51
- Ein Telefongespräch - Verabredung zum Mittagessen	Telefongespräch entgegennehmen - sich nach jdm erkundigen - über eigene Pläne sprechen	Verben *-ar* mit Diphthong *o > ue* - Präsens *estar* *¡Dígame! - Claro que... - Si ya es... - a eso de las dos - esquina a - Dice que sí.* *(pregunta si tiene tiempo) - (dice que tiene que...)*

Situación - Tema *Situation - Thema*	*¿Cómo se dice en español?* *Sprechintentionen*	*Gramática - Vocabulario* *Grammatik - Vokabular*
27 Tiempo libre		Página/Seite 62
- Freizeitgewohnheiten	nach (Freizeit-)Gewohnheiten fragen und darauf reagieren - wiederkehrende Abläufe beschreiben	Präsens: *hacer, ver, leer, dar, poner* - Präsens: *dormir, jugar, soler* - *jugar a, tocar* - *hacer punto - a veces, otras veces - siempre que puedo - entre semana - por mi cuenta - mientras charlamos* *(mi, tu)* - (Akk. mit *a*) - *(oye) - (me encanta)*
28 El tiempo... - Los meses - Adivinanza - ... y las estaciones del año - Todos hablamos del tiempo		Página/Seite 64
- Gespräche über das Wetter - Gedicht - Rätsel - Sprüche	über das Wetter und Begleiterscheinungen sprechen	*hace frío/calor/sol/viento... - buen, mal* - unreg. Perfekt: *hecho* *los demás - cada, cada cual - ¡Qué día tan bonito! - todo el mundo, todo el mes - todos hablamos* *(otra cara) - (aunque ha hecho...)*
29 Sobre gustos no hay nada escrito		Página/Seite 66
- Beim Anblick eines Kunstwerkes	Gefallen/Mißfallen/Bewunderung/Gleichgültigkeit äußern	Adjektive - *feísimo* *¡Qué horror! - ¿Qué te parece? - ¡Qué cosa más rara! - ¿Te dice algo? - ¿Qué impresión te da? - Más bien me hace reír. - Desde luego (que no).*
30 En la lavandería - ...y en una exposición de cerámica		Página/Seite 68
- Im Waschsalon - In der Reinigung - Keramikausstellung	Bedienungsanweisungen geben und verstehen - über Preise sprechen - Preislisten auswerten - Vergleiche ziehen - Gefallen ausdrücken - vergleichen und Unterschiede hervorheben	*se hace, se lava, se pone(n)...* - Präsens: *traer - este, esta, estos, estas* - regelm. Komparativ und Superlativ - *lo más curioso* *al otro lado (de) - ¡Qué preciosa exposición! - distinto de* *(mire) - (además de) - (no... nada)*
31 Unas zapatillas de tenis... - ...y un jersey de algodón		Página/Seite 70
- Einkaufsgespräche: In der Schuhabteilung Im Modegeschäft	Einwand erheben - Vergleiche ziehen - Preise erfragen - Farben benennen - jdn um seine Meinung bitten - Entschluß fassen - Einkaufsgespräche führen	unregelmäßiger und regelm. Komparativ und Superlativ *lo esencial - probarse una cosa - quedarse con una cosa* (*acabar de* + Infinitiv) - *(espera) - (si te empeñas)* - (Akk. mit *a*)

Situación - Tema *Situation - Thema*	*¿Cómo se dice en español?* *Sprechintentionen*	*Gramática - Vocabulario* *Grammatik - Vokabular*
32 Primeros auxilios		Página/Seite 72
- Autounfall - Erste Hilfe	jdn nach seinem Befinden fragen - Hilfe anbieten - Hilfe annehmen	Personalpronomen im Akkusativ - Personalpron. beim Infinitiv - Akkusativ mit *a* *menos mal que - ahora mismo* *(no... nunca)*
33 Más vale prevenir que curar		Página/Seite 73
- Reisepläne - (Mißlungene) Urlaubsvorbereitungen	Reisevorbereitungen treffen - Bedenken äußern - Bedenken verwerfen	Indefinido Verben *-ir* - unreg. Indefinido: *pedir, ir, decir, poner* - Possessivpronomen *nada de... - sin decir nada - para estar más segura - ¡Qué desgracia!* *(nos lo)*
34 En el número 85		Página/Seite 74
- Gespräch zwischen Portiersfrau, Lieferanten, Wohnungseigentümerin	nach jdm fragen - Auskunft erteilen - abwehrend reagieren - Vorschlag machen/abwehren - auf jdn aufmerksam machen - sich bei jdm entschuldigen - sagen, wo man zu erreichen ist	*no... nadie, no... nada, no... nunca, no... ni - alguien (más)* - Präsens: *venir* - Ordnungszahlen *lleva más de 15 años - todos los que - no... hasta - la semana que viene - Eso sí que no. - a lo mejor - volver a salir* (Gerundium: *-ando) - (miren)*
35 Hogar, dulce hogar		Página/Seite 76
- Beim Umzug	jdn auffordern einzutreten - jdn begrüßen - über Dritte Auskunft einholen - jdn beschreiben - miteinander bekanntmachen	Personalpronomen im Akkusativ (beim Präsens/Perfekt/Infinitiv) - Präsens: *conocer, decir* - *puesto* *llaman a la puerta - cuantos más, mejor - Encantada. Mucho gusto. - ponerse a trabajar - por ahora* *(está abierta) - (están aparcando) - (dice que dónde pone...)*
36 Un campesino - De vacaciones		Página/Seite 78
- Arbeitsleben auf dem Lande - Besorgungen in der Stadt - Frage nach Wünschen	jdn nachdrücklich auffordern etwas zu tun - über eigene Pläne sprechen - Vorschlag machen/annehmen - jdn bitten, etwas zu erledigen - einer Bitte entsprechen - sich verabschieden - Einverständnis ausdrücken	*desde hace* + Zeitausdruck - Personalpronomen im Dativ - Reflexivverben *estar soltero - dar de comer - cortarse el pelo - hasta la vuelta* *(está llegando) - (¿Os gustaría?)*

37 A la peluquería... - ...y en casa de nuevo		Página/Seite 80
- Gespräch zwischen Bekannten (über Familie, Arbeitslosigkeit...) - Gespräch über den Verlauf des Tages (Besorgungen, Zahnarzt- und Verwandtenbesuch)	über eigene Pläne sprechen - über persönliche Lebensumstände Dritter früher und heute erzählen - sich verabschieden - jdm ein Kompliment machen - fragen, wo jemand gewesen ist/ Besorgungen erledigt hat - berichten, was man den Tag über gemacht hat	regelmäßiges Imperfekt - unreg. Imperfekt: *ser, ir* - *mejor de lo que yo creía* - *dicho* *pasar por casa (de)* - *Si tenía mucho trabajo* - *¡Cuánta gente había!* *(le conoces)* - *(me lo imagino)* - *(Me ha dicho que se alegra)*
38 ¿Un buen negocio? - Un regalo de boda		Página/Seite 82
- Verkaufsgespräche - Gespräch unter Kollegen - Ein Geschenk hinterlegen	jdn nach seinen Wünschen fragen - Waren vergleichen - Preis erfragen/nennen - eigene Vorstellung darlegen - Auftrag erteilen, etwas zu erledigen - darauf reagieren - Einverständnis ausdrücken - fragen, ob eine Lieferung eingetroffen ist - Unzufriedenheit ausdrücken	*me lo, te lo, se lo* - *aquel, aquella, este, esta...* - *roto, abierto* - *¿cuál?* - *no... ninguno* - Personalpron. im Akkusativ und im Dativ - *acabar de* + Inf. *Haga el favor de...* - *No faltaba más.* - *¡Qué cliente más raro!* - *¡Qué negocio!* - *¡Qué mala suerte! ¡Qué patosa es la gente!* - *Seguro que...* - *Si ha llegado...* - *No hay de qué.* *(quisiera)* - *(como usted quiera)*
39 En el mercado		Página/Seite 84
- In der Markthalle	jdn begrüßen - sich nach einer dritten Person erkundigen - Auskunft geben - Ware verlangen - nach Wünschen fragen und darauf antworten - Ware näher bestimmen - Preis erfragen und darauf antworten - Preise kommentieren	*ser, estar* - Gerundium - Konjunktiv Präsens nach *querer* - *algún, ninguno* *dentro de poco* - *dos kilos/kilo y medio de...* - *Hay que ver...* *(Que lo pase bien.)*
40 Perú: dos caras de la misma moneda		Página/Seite 86
- Gemeinschaftskundeunterricht: - Unterschiedliche Aspekte Perus	über eine Reise berichten - landeskundliche Informationen erfragen/geben - unterschiedliche Meinungen darlegen - zustimmen/verwerfen - Unterhaltung abbrechen - sich auf späteren Zeitpunkt beziehen	unreg. Indefinido: *estar, poder* - *lo que* - Adverbien *-mente* - Indirekte Rede: *cuenta que estuvo/que había...* - Konjunktiv Präsens nach *cuando* - *hay analfabetismo, había maquinaria, hay otros países...* *me acuerdo de, recuerdo (que)* *(perdona)*

Un poco más sobre España **(Fakultative Texte und Übungen)**

A El centro de España (nach Lektion 20)		Página/Seite 89
- Castilla: allgemeiner Eindruck Landschaft	eine Behauptung bestätigen - nach geschichtlichen Zusammenhängen fragen	*no hay curvas* - *tienes razón* - *uno se cansa* - *no ves otra cosa que...* - *no se habla de...* - *desde*

Situación - Tema *Situation - Thema*	*¿Cómo se dice en español?* *Sprechintentionen*	*Gramática - Vocabulario* *Grammatik - Vokabular*
Einblick in die Geschichte - Extremadura: Bezug zur Geschichte - Aragón: Landschaftsbeschreibung - Thema abschließen	darauf reagieren Informationen einholen - vergleichen zwischen früher und heute landeskundliche Informationen erteilen Schlußfolgerung ziehen - etwas bedauern - Vorteile hervorheben	*que existen - hasta llegar a ... - las que* *hay allí mucha agricultura* *cumbres muy altas - como contrapunto oriental* *hay mucho que conocer - mejor para los pocos que ...*
B El sur de España (nach Lektion 25)		Página/Seite 93
- Andalucía: Berühmte Persönlichkeiten Beschreibung mit landeskundlichem Inhalt Araber und Mitteleuropäer in Andalusien - Murcia Beschreibung mit landeskundlichem Inhalt	Namen, Lebensdaten, Berufe erörtern - über landeskundliche Informationen sprechen - Unterhaltung durch Gemeinplatz einleiten - Bedenken anführen - Erstaunen ausdrücken landeskundliche Informationen erteilen	*la montaña más alta - se ocupa de ... - entre otras cosas - si se tiene en cuenta - la mayoría de ellas - hasta compran - dicen que - en cambio - acabo de leer - desde hace - ¡No me digas! - a la alemana* *las huertas son de las más ricas que ... - uno de los lugares más pintorescos*
C El este España (nach Lektion 30)		Página/Seite 97
- El País Valenciano: Ausländer in L'Alfàs Beschreibung mit landeskundlichem Inhalt - Cataluña: Umfrage, Statistik Beschreibung mit landeskundlichem Inhalt - Las Islas Baleares: Vergleich zwischen Mallorca, Menorca, Ibiza, Formentera	nach eigenen Lebensgewohnheiten und denen Dritter fragen - darauf eingehen - landeskundliche Informationen erteilen Statistik auswerten - landeskundliche Informationen erteilen landeskundliche Informationen erteilen und vergleichen	*unos cuatro mil - no ... ni - ni eso - juntos - ¿Sabes una cosa? - tanto ... como - tenemos que ir - mire* *igual que - más que - mejor que - la región más rica - alrededor del/menos del 15 % - desde hace - en gran parte - no sólo ... sino también* *hay bastantes montañas - de los tiempos en que ... - la isla más salvaje - desde hace - no ... nada*
D El norte de España (nach Lektion 37)		Página/Seite 101
- La «España verde»: Landschafts- und Klimabeschreibung - Galicia: Beschreibung mit landeskundlichem Inhalt - Asturias: Vergleichende Beschreibung - Cantabria: Landschaft und Industrie - La Rioja: Beschreibung mit landeskundlichem Inhalt - El País Vasco: Historische Anhaltspunkte Sprache, Industrie, Fischerei - Navarra: Beschreibung mit landeskundlichem Inhalt	durch einen Gemeinplatz in ein Thema einführen landeskundliche Informationen erteilen (Wallfahrtsziel, Industrie, Fischerei) Angaben machen zu Landschaft, Wirtschaft, Fremdenverkehr Angaben machen zu Klima, Industrie, Sommeruniversität landeskundliche Informationen erteilen (Geschichte, Industrie ...) landeskundliche Informationen erteilen (Landschaft, Klima, Landwirtschaft)	*se habla de - la temperatura media es de 18 grados - gracias a para aislarlo de - Como Galicia es ... - la ciudad más grande es ...* *en cambio - se habla menos - hasta cierto punto* *además de - sobre todo* *atravesada por - se producen - algunos de los mejores vinos* *muchísima gente - las dos cosas - aunque hablan ... - ha habido tensiones entre ...* *en cuanto a - se encuentran, se crían - con un cierto sabor a ...*

1 Sí, soy yo

– Buenas tardes. Me llamo Ana Gómez. ¿Y usted?
○ Me llamo Thomas Moll.
– ¿Y cómo se llama usted, señorita?
○ Me llamo Susanne Kraft.

– ¿Quién es la señora Bach? ¿Usted?
○ Sí, soy yo.
– ¿Y usted es el señor Schneider?
○ No, me llamo Kaufmann.

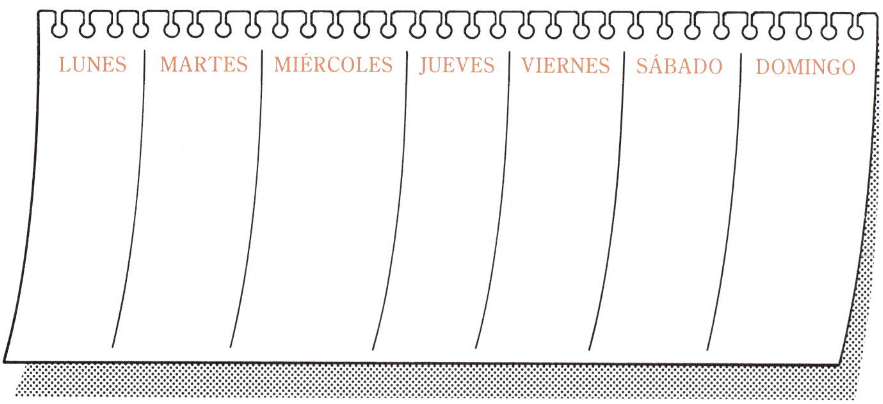

– ¡Adiós, buenas noches!
○ ¡Adiós! Hasta el martes.

– Hola, buenos días. ¿No es usted la señora Wieland?
○ No, no, me llamo Puschmann. Soy Heidi Puschmann.

– ¿Usted es la señorita Jung?
○ Sí, claro, soy Bettina Jung.

– Hola, Hans.
○ Hola, buenos días.
– ¿Cómo se llama el profesor?
○ Es el señor Garro.
– ¿Cómo?
○ Garro, Antonio Garro.
– ¿Y quién es el señor Navarro?
○ No sé.

– Hola, Miriam. ¿Qué tal?
○ Hola, Daniel. Bien, ¿y tú?
– Bien, chica, bien.

Me llamo andana.

2 América Latina

– ¿Dónde está Caracas?
○ En Venezuela.

Europa

Estás en Babia.

3 En el aeropuerto

Es de los tiempos de Maricastaña.

SALIDAS →
PUERTAS 1-8
– ¡Hola! ¿Qué tal?
○ Muy bien, ¿y tú?
– Pues regular.
LAVABOS
– El pasaporte, por favor.
○ Tenga.
– ¿Se llama usted Mendoza?
○ No, me llamo Castro. Soy de Mendoza.
– Ah, sí, claro.
PASAPORTE
COLOMBIA
SERVICIO EXTERIOR
FOTOGRAFIAS
CONSULADO GENERAL DE COLOMBIA
Carlos Aldana Herrera
Firma del Titular
3

4 Pesetas, periódicos y postales

El señor Mack pasa la aduana sin problemas.
En las maletas hay solamente ropa, libros y objetos de aseo.

– ¿Dónde está el banco, por favor?
○ ¿Necesita usted dinero español?
– Sí, claro.
○ Ahí está el Banco de Bilbao.

Primero cambia marcos en pesetas.
Después compra en el quiosco dos periódicos y una revista.

El señor M. El País, La Vanguardia y Semana, por favor.
El vendedor Tenga.
El señor M. Gracias.

Una señora Una postal. No, dos. Y sellos.
El vendedor No, señora. Los sellos, en el estanco.

Una señora Dos sellos para postales, por favor.
El vendedor ¿Para España?
Una señora Sí... Bueno, no. Uno para Canarias y uno para Alemania.

En la consigna

La señora Méndez lleva dos maletas, una roja y una negra. Su hija, Ana, lleva tres bolsos y una mochila.

Señora Buenos días.
Empleado Un momento, por favor … A ver … ¿Cuántas maletas hay?
Señora Dos.
Empleado ¿Y cuántos bolsos?
Señora También dos. No, perdón, tres. El bolso rojo también.
Hija ¿Sí? ¿Qué hay en el bolso rojo?
Señora Yo qué sé. Blusas, chaquetas. Solamente hay ropa.
Hija Ah, bueno.
Empleado ¿Algo más?
Señora Sí, una mochila.
Hija No, la mochila no.
Señora Y esto, ¿qué es?
Hija Un libro, dos o tres tebeos, el plano de Madrid …
Señora ¿Qué es esto?
Hija El walkman, mamá.
Señora ¿Y esto?
Hija Casetes.
Señora ¿Siete casetes? Bueno, bueno. Vamos.

El mundo es un pañuelo.

5 Soy Belén – Soy de España

– Hola, Belén.
○ Hola, Peter.
– Oye, Belén. Una pregunta ... Tú hablas solamente español, ¿verdad?
○ No, español y catalán.
– Claro, en España se habla ...
○ Sí, español – o castellano –, euskera en el País Vasco, gallego en Galicia y catalán en Cataluña ....
– ¿Y en Andorra?
○ En Andorra se habla también catalán.

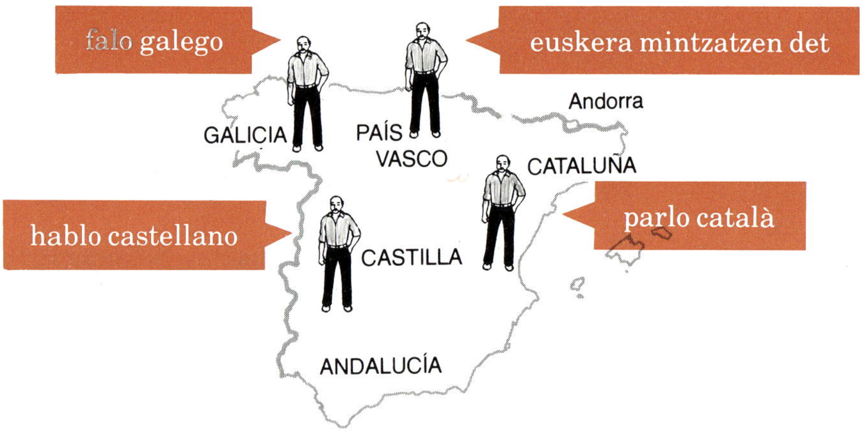

– Las playas de España son famosas y muy bonitas ....
○ Muchas sí. Y en las playas del Mediterráneo y en Canarias hay mucho turismo, en el norte hay menos.
– Pero en el norte hay mucha industria ...
○ No sólo en el norte. También en Cataluña, en Madrid, en Valladolid ... España exporta por ejemplo maquinaria y coches, además de naranjas, aceite y vino.
– ¿Sí? ¿Y qué importa?
○ Bueno, España importa también maquinaria y productos agrícolas, como maíz y soja.

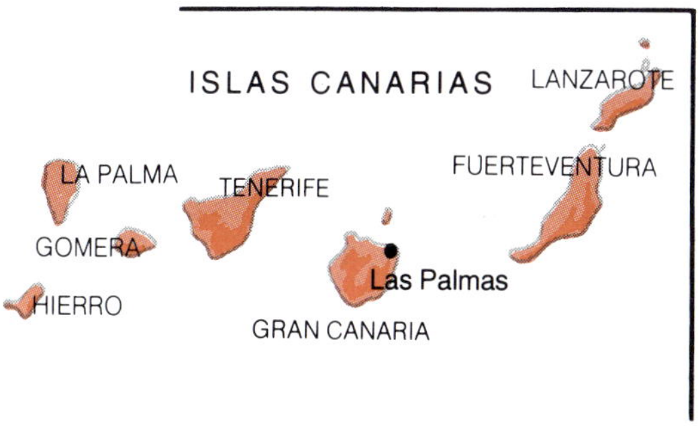

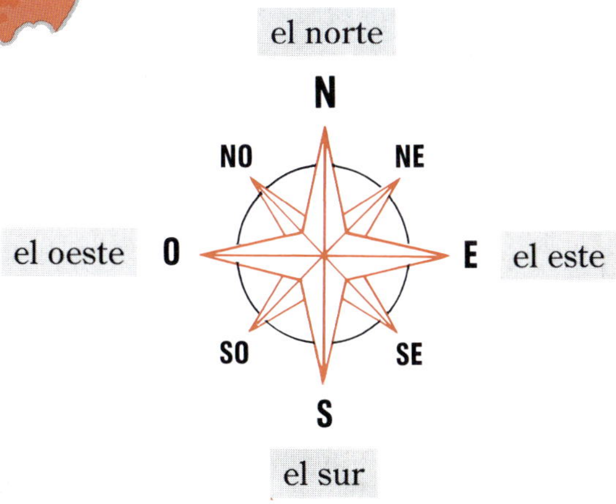

– ¿Hay también muchas montañas en España?
○ Sí, España es un país montañoso: los Pirineos, por ejemplo, entre España y Francia, la Sierra Nevada en Andalucía y la Sierra de Guadarrama, cerca de Madrid …
– ¿En el centro?
○ Sí, claro. Madrid, la capital, está justamente en el centro del país.

No hay humo sin fuego.

6 Al centro

– ¿Vas a casa?
○ No, voy a la oficina.
– ¿En autobús?
○ No, en coche.
– Hasta mañana, entonces.
○ Adiós. Hasta mañana.

– ¿Dónde está el hotel Gran Vía?
○ En el centro.
– ¿Cómo vas? ¿En autobús?
○ Sí, en autobús.

Un taxista ¿Taxi, señor?
El señor Mack No, muchas gracias.

– Por favor, ¿dónde está la parada del autobús?
○ ¿Dónde va usted? ¿A la terminal?
– Sí.
○ El autobús amarillo va directamente a la terminal.
– ¿Está lejos?
○ ¿La terminal?
– No, la parada.
○ No, ahí enfrente.

– Perdón, señora, ¿cuántas paradas hay hasta la terminal?
○ No sé. Siete u ocho.
– Gracias.

El señor Mack va en autobús a la plaza de Colón, a la terminal. Cerca de allí, en la estación de Serrano, toma el metro para ir a la pensión La Valenciana.

No hay atajo sin trabajo.

7 En el centro de la ciudad

El señor Mack va a pie a la calle Lope de Vega, a la pensión La Valenciana.
La maleta negra pesa mucho.
¡Cuántos hoteles hay! Y un restaurante, bares y una farmacia.
En la esquina hay un grupo de personas.

– ¿La pensión La Valenciana, por favor?
○ ¿La Valenciana? No sé. Pregunte en la farmacia.

El señor Mack entra en la farmacia.

– Buenas tardes, señor. ¿Qué desea?
○ Por favor, ¿la pensión La Valenciana está por aquí? (Saca el plano de Madrid.)
– Sí, en la calle Cervantes.
△ No, hombre, no. El hotel que está allí se llama California. ¿Qué busca? ¿La Valenciana? Está en la plaza de Santa Ana, entre el teatro y la papelería. (El señor Mack mira el plano.)
○ Muchas gracias.
– De nada.

– Perdone. La pensión La Valenciana, ¿está por aquí?
○ Sí, señor. En la esquina.
– Gracias, muy amable.
○ De nada, señor, de nada.

– ¿Dónde está la Oficina de Información y Turismo, por favor?
○ En la Puerta del Sol.
– ¿Está lejos?
○ No, no.

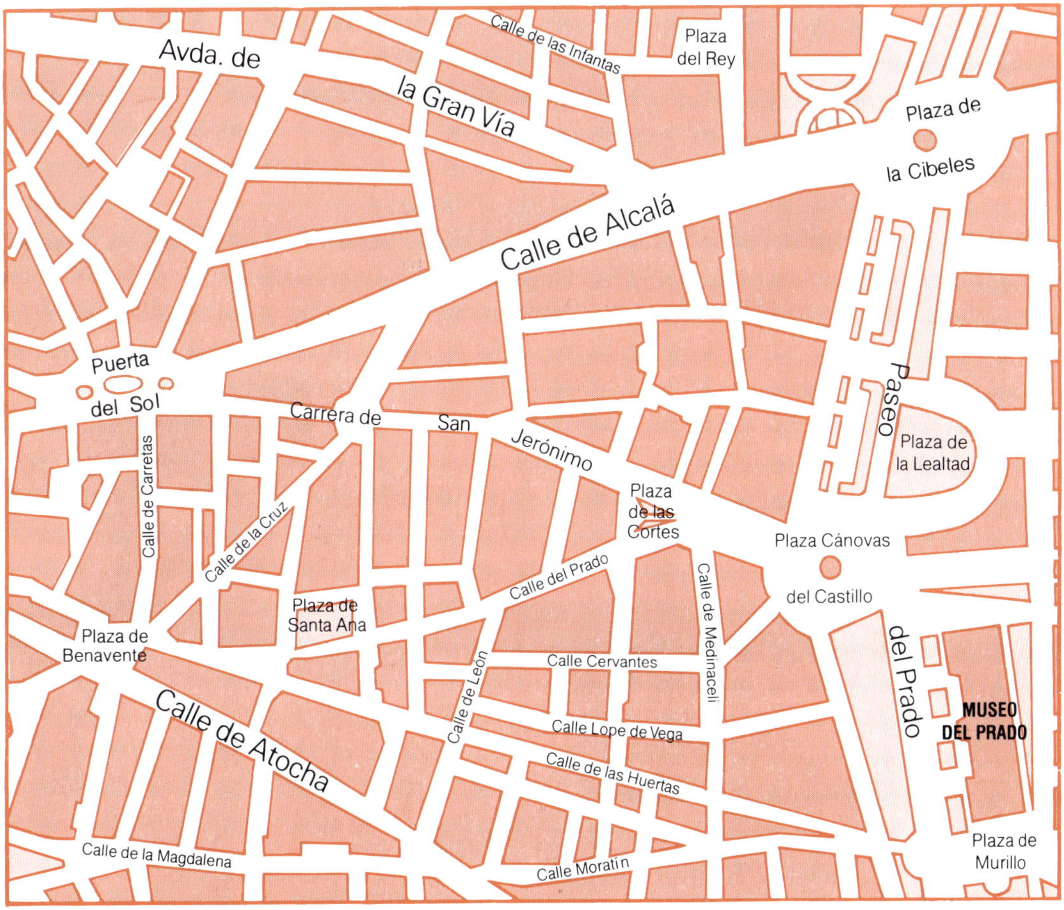

– ¿Una farmacia, por favor?
○ Sí, señora, allí enfrente.

– ¿Hay un bar por aquí cerca?
○ Sí, claro, en la plaza hay dos.

Poderoso caballero es Don Dinero.

8 La capital de España

El «kilómetro cero» (de todas las carreteras de España) está en el centro de la capital, en la «Puerta del Sol».

El oso y el madroño son los símbolos de Madrid. En el norte de la ciudad, en un parque cerca del Colegio Alemán, está también el «Oso de Berlín».

En Madrid están todos los ministerios y las principales oficinas del Estado. Hay también grandes industrias. Por eso hay muchos españoles que buscan trabajo en Madrid. Son sobre todo emigrantes del sur y del oeste de España.

Se habla mucho de la «movida madrileña», es decir, de su activa vida cultural. Pero alrededor de Madrid hay muchas ciudades-dormitorio, donde no hay vida durante el día. Y, como en todas las grandes ciudades, no faltan la delincuencia y el paro.

– ¿Madrid es sólo la capital o es también la ciudad más grande de España?

○ Sí, sí, también es la ciudad más grande: más de 4 millones de habitantes.
En Madrid hay de todo: un tráfico enorme, contaminación del aire, zonas verdes como por ejemplo el Parque del Retiro, plazas hermosas …

– Y museos importantes como El Prado, ¿no?

○ Sí, claro. El Prado, el Museo «Reina Sofía», el Museo de Arte Moderno … Y ahora también el «Palacio de Villahermosa», con los cuadros de von Thyssen.

– ¿Madrid es como un pulpo?

○ Sí, la comparación es muy buena.

– En Alemania no hay una ciudad como Madrid o como París.

«Las Cortes», donde están el Parlamento y el Senado.

Uno de los numerosos bancos que hay en Madrid.

De Madrid al cielo.

9 Una individual sin ducha

– ¡Hola, buenas tardes!
○ ¿Cansado? ¿Pesan mucho las maletas?
– Sí, sí.
○ Desea usted una habitación, ¿verdad?
– Sí, una individual con ducha, por favor.
○ Lo siento, sólo queda una individual sin ducha, por cinco mil pesetas.
– Bueno, está bien.
○ ¿Para cuánto tiempo?
– Una semana.
○ Muy bien. A ver… Hoy es lunes … ¿Hasta el domingo, entonces?
– Sí, exacto.
○ Tenga la llave. Habitación número 16.
– Muchas gracias.
○ ¡Ah! Aquí está la ficha de inscripción. ¿Su nombre, por favor?
– Mack, Klaus Mack.
○ ¿Cómo?
– K–l–a–u–s M–a–c–k.
○ Ya está. Y también necesito su pasaporte.
– ¿El pasaporte?
○ O el carnet de identidad. Da igual.

Deletrear en español

Antonio	Historia	Ñoño	Valencia
Barcelona	Inés	Oviedo	Washington
Carmen	José	París	Xiquena
Chocolate	Kilo	Querido	Yagüe
Dolores	Lorenzo	Ramón	Zaragoza
Enrique	Llobregat	Sábado	
Francia	Madrid	Tarragona	
Gerona	Navarra	Ulises	

– ¿Nombre?
○ Juan Luis Urruticoechea.
– ¿Cómo? Otra vez, por favor.
○ Urruticoechea.
– ¿Es usted vasco?
○ Sí, de Bilbao.

La noche es buena consejera.

10 En casa de los Gómez

La recepcionista de la pensión se llama Mercedes Gómez. Cuando termina su trabajo, antes de ir a casa, pasa por el quiosco y compra el periódico de la tarde.

– Hola, mamá. ¿Qué tal el día?
○ Bien. Nada especial.
– ¿Qué hay para cenar?
○ Sopa y tortilla de patatas.
– ¡Qué rico!

La madre, que trabaja en un ministerio, está ya en la cocina. La hermana mayor, Clara, y el padre no están todavía. Llegan más tarde.
Clara es cajera en un supermercado pero busca otro trabajo porque «estar todo el día en la caja es muy aburrido». El padre es oficinista en una compañía de seguros.

Mercedes y su madre preparan la cena y, cuando llegan el padre y Clara, cenan todos juntos. Mientras cenan, miran la televisión.

– ¿Qué hay en la tele?
○ Nada especial: las noticias, fútbol y una película americana.
– ¿Nada especial? ¿El fútbol no es nada especial?

El televisor está en un rincón. En el centro del comedor, que es una habitación larga y estrecha, hay una mesa grande y seis sillas.
Encima de la librería, entre las dos ventanas, hay un reloj y unas fotos de la familia.

Clara tiene mucho ángel.

11 Después de cenar

Después de cenar Mercedes y su hermana miran los anuncios en el periódico. Buscan un nuevo trabajo para Clara.

– ¡Cuántos anuncios! Mira aquí: «Necesitamos una joven ...»
○ No, pagan muy poco. Si ahora en el súper ya gano más ...
– Eso sí, pero también trabajas más horas. A ver ... Aquí: «Hotel busca chica de buena presencia».
○ ¡Qué machistas!

– ¡Clara!
○ Sí, mamá.
– ¿Hay anuncios interesantes en el periódico?
○ No, nada del otro mundo.
– ¿Por qué no compráis El País y miráis allí?
○ ¡Buena idea!

– Mira, aquí hay una oferta interesante.
○ A ver ... Sí, pero está muy lejos.
– No importa, chica. Pagan muy bien.
○ Pero una hora de viaje sólo para llegar allí ...
– ¿Por qué no pones tú un aviso en el periódico? Por ejemplo:

> Chica simpática y trabajadora busca empleo.
> Si es posible, contacto con mucha gente ...

○ Está bien. A ver si hay suerte.

Ofertas de empleo

SECRETARIAS
Mecanógrafas, operadoras tratamiento textos, selección personal. Tel. 593 09 24.

Empresa constructora necesita vendedora para oficina de obra. Tel. 471 71 11, 471 72 02.

Supermercado moderno necesita cajera con experiencia. Pagamos bien.
Llamar el martes de 1 a 5. Preguntar por el Sr. Pérez. Teléfono 287 50 00.

Farmacia busca joven, con o sin experiencia. 60 mil ptas al mes. Sábados libres.
Llamar días laborables de 8 a 10 de la mañana. Teléfono 495 97 03.

> Un día es un día:
> ¿por qué no tiramos la casa por la ventana?

12 ¿Adónde vamos?

Clara ¡Qué rollo! En la televisión sólo hay noticias y una película de 1950 …
Merche ¿Damos una vuelta, Clara? ¿Qué hora es? ¿Son ya las nueve y media?
Clara Sí. Son las … las diez menos veinte.
Merche Bueno, primero voy a casa de los Sánchez. Son sólo cinco minutos. Necesito el libro de Vargas Llosa.
Clara Vale. ¿Vamos luego a la discoteca?
Merche Sí, claro.

Madre Niñas, ya son las diez menos cuarto. Si vais a la discoteca …
Clara Y tú, ¿te quedas en casa?
Madre Yo voy mañana con papá al cine.
Clara ¿Al cine?
Madre Sí, al Rialto. Ponen una película de humor de Summers.
Clara Bueno, hay gustos para todo. Adiós, mamá.
Madre Hasta luego, hija.

Quien espera, desespera.

Jahre

13 ¿Cuántos años tienes?

Wie alt bist du?

24 horas en la vida de un niño español		
entre	7–8	horas en la cama
más de	1	hora para el aseo personal
entre	1–2	horas para las comidas
hasta	2	horas para el transporte casa-colegio-casa
entre	4–6	horas de clase
menos de	1	hora de recreo
aprox.	3	horas para los deberes en casa
aprox.	3	horas de juego o televisión

Según una encuesta de la revista «Cambio-16» entre jóvenes españoles de 15 a 28 años:

Usted va a una isla desierta: ¿qué lleva?	
el vídeo (el treinta y dos por ciento)	32 %
el tocadiscos	28 %
el televisor	20 %
mi biblioteca	19 %

Influencia cultural más importante para los jóvenes	
la televisión	48 %
los amigos	40 %
la calle	40 %
los libros	31 %
el cine	27 %

– Dos entradas, por favor.
○ ¿Cuántos años tenéis?
– Yo tengo 16 y él tiene 15.
○ Lo siento, es una película para mayores de 18 años.
– ¡Pero si no hay gente!
○ No importa. Aquí no entran menores de 18 años.
– ¡Qué pena!

No tengo cambio

– Déme dos entradas, por favor.
○ ¿Qué fila?
– ¿Tiene en la catorce o así?
○ A ver ... No, no quedan. Hay en la dieciséis.
– Bueno ... Está bien.
○ Tenga: butacas 103 y 104.
– ¿Cuánto es?
○ Son quinientas treinta.
– Tenga, mil.
○ ¿No tiene las treinta? Es que tengo muy pocas monedas.
– Un momentito ... Sí, tenga.
○ Gracias. A ver ... Seiscientas, setecientas, ochocientas, novecientas ...
– Y mil. Gracias.

Siempre llega a las mil y quinientas.

14 En la agencia de viajes

La Agencia Meliá de Salamanca necesita una empleada para los meses de julio y agosto. Por eso ha publicado un anuncio en «Cambio-16».
Karin Brand, una chica alemana de unos 25 años, ha hablado primero por teléfono con el director y luego ha ido a la agencia para hablar personalmente con él.

– Buenos días, señorita.
○ Buenos días. Soy Karin Brand …
– Ah, la señorita alemana, ¿verdad? Nosotros trabajamos mucho con agencias alemanas. Yo he estado dos veces en Alemania: en la Feria de Turismo en Stuttgart y en Múnich. Alemania es un país muy bonito. ¿Lleva usted mucho tiempo aquí?
○ Sí, un año y medio casi. He pasado un verano en Santander donde he estudiado en la Universidad Internacional y he trabajado unos meses en una agencia de viajes en Valencia. Aquí en Salamanca llevo sólo quince días.
– Habla usted muy bien el castellano.
○ Gracias.

– Los alemanes hablan muchas lenguas. No son como nosotros ...
○ No es verdad. Hay muchos jóvenes españoles que hablan inglés.
– ¿Cuántas lenguas ha estudiado usted?
○ Español, claro. Además he estudiado inglés en el colegio durante nueve años y francés durante cinco años. Y un poco de italiano en la Universidad Popular.
– ¡Qué bien! Bueno ..., a ver sus papeles ...

Vacaciones

– ¿Adónde vas en verano?
○ No sé, quizás a Italia. ¿Has estado tú ya en Italia?
– Sí. Bueno, he estado solamente en Roma.
○ Y tú, ¿adónde vas?
– Yo voy a Santiago en abril, en Semana Santa.

Karin está hoy como unas castañuelas.

15 Salamanca, la encantadora ciudad universitaria, está a orillas del río Tormes. En su silueta destacan las torres de las grandes catedrales: la Catedral Vieja, del siglo XII, y la Catedral Nueva, del siglo XVI. Estamos en el Paseo de San Vicente, donde hay muchas tiendas y mucho tráfico.

– ¿Compramos una guía de la zona?
○ ¡Buena idea! Mañana es la excursión a La Alberca.
– Por aquí está la librería Balmes, ¿no?
○ Sí, enfrente de Correos.
– ¿Enfrente?
○ Sí, claro, entre el restaurante y el banco.

Lo que natura no da, Salamanca no lo presta.

En Correos

– Perdone. ¿Dónde hay una oficina de correos?
○ Allí, en la esquina, señora. Justamente delante hay un buzón.
– ¡Ay, sí! Gracias.
○ No hay de qué.
– Déme un sello para carta, por favor.
○ ¿Para España?
– No, para Alemania. ¿Cuánto es?
○ Son 48 pesetas.
– Tenga.

16 Fiestas y Festivales

– ¿Cuándo es la fiesta de San Fermín?
○ El 7 de julio. No sé por qué todo el mundo habla siempre de Pamplona. En España – y en Hispanoamérica – hay muchas fiestas y festivales.
No todas las fiestas son de fama internacional, pero sí son atractivas y enormemente interesantes.
– La mayoría son quizás fiestas religiosas ...
○ Sí, muchas son de origen religioso. Y prácticamente todas las semanas del año hay una fiesta en una ciudad o un pueblo.

Algunas fiestas importantes en España o Latinoamérica

1 de	enero	Año Nuevo
6 de	enero	Los Reyes Magos
	enero	«Blancos y Negros», fiesta de máscaras en Pasto, Colombia
	febrero	«La Endiablada», en Almonacid del Marquesado, Cuenca
		Carnaval
19 de	marzo	San José
		«Las Fallas», Valencia
	marzo/abril	Semana Santa
		Feria de Sevilla
	abril/mayo	La Ascensión (fiesta especial p. ej. en Cuzco, Perú)
15 de	mayo	San Isidro, Madrid
	mayo/junio	Fiesta del «Corpus»
24 de	junio	San Juan (p. ej. en Valencia, Cataluña, muchos países de América Latina)
7 de	julio	San Fermín, Pamplona
15 de	agosto	La Asunción (fiesta especial p. ej. en La Alberca, Salamanca)
	agosto/septiembre	Patrona/Patrono de muchos pueblos
	septiembre	Fiesta de la vendimia
		Festival de Teatro Clásico en Almagro, Ciudad Real
12 de	octubre	Día de la «Hispanidad»
	octubre	Fiesta del marisco en Pontevedra, España
1 y 2 de	noviembre	Todos los Santos y Día de los Difuntos (fiesta especial p. ej. en México)
6 de	diciembre	Día de la Constitución en España
8 de	diciembre	La «Inmaculada»
25 de	diciembre	Navidad
31 de	diciembre	Añoviejo, Nochevieja

El día de la fiesta los habitantes van en procesión a la ermita.

– ¿Hay alguna publicación con informaciones sobre las fiestas en España?
○ Sí, hay un folleto del Ministerio de Transportes, Turismo y Comunicaciones, con comentarios sobre muchas fiestas y con ilustraciones muy bonitas.
– Voy a la Oficina de Turismo. A ver si tienen un ejemplar.
○ ¡Mucha suerte!
– Gracias.
○ Hasta luego.

El Camino de Santiago

– ¿Tú de dónde eres?
○ Soy gallego.
– ¿De qué ciudad?
○ De Santiago de Compostela.
– ¡Hombre! Yo voy en julio a Santiago.
○ ¿De verdad?
– Sí, es un viaje organizado. Somos un grupo de veinte personas.
○ ¿Sois todos alemanes?
– Sí, somos de Stuttgart y de los alrededores y pensamos recorrer el Camino de Santiago.
○ ¡Qué envidia!

Hoy es el 15

– ¿Vamos al cine?
○ Buena idea. ¿Qué fecha es hoy?
– Hoy es el 15. ¿Por qué?
○ Porque hoy ponen una película antigua de Buñuel …
¿Cómo se llama?
– ¿«Un perro andaluz»?
○ Justo.

Esa medicina es mano de santo.

17 En la cafetería

Lourdes es médica y trabaja en un hospital. Por la mañana, antes de ir al trabajo, desayuna casi siempre en la cafetería Doria. Hoy están ella, su primo Ángel y Ernesto, un amigo. Los dos trabajan en una compañía de seguros, al lado de la cafetería. Además van a las clases nocturnas de un instituto para terminar el bachillerato.

Camarero Hola, buenos días. ¿Qué desean?
Lourdes Un café con leche y un bocadillo de queso, por favor. Manchego, ¿eh?
Camarero ¡Cómo no! Y ustedes, ¿qué toman?
Ernesto ¿Tienen café descafeinado?
Camarero ¡Por supuesto!
Ernesto Pues entonces un descafeinado y unas magdalenas.
Camarero Muy bien. ¿Y usted?
Ángel Un solo y una ensaimada.
Camarero En seguida va.
Ángel ¿Tienes fuego, Ernesto?
Lourdes Pero chico, ¿otro pitillo? ¡Fumas mucho! Tienes que pensar más en tu salud.

Felipe Romeral y Antonio Torre, que trabajan en una editorial, también desayunan muchas veces en la cafetería. Entran y miran la lista de precios que está encima de la barra.

– ¿Qué tomas? ¿Un té?
○ No, el té no me gusta. No soy inglés. Mejor un cortado.
– ¿Y unos churros?
○ Vale. Pero primero tengo que ir al servicio.

Ángel y Ernesto son uña y carne.
Tienes que tener mucho ojo.

18 Librería – Papelería

El dueño de la librería, don Julián, es un señor alto y delgado. Lleva siempre una boina negra y gafas muy gruesas.
En el local – que es enorme – hay libros, carpetas, lápices, postales, sobres …
Muchos de los clientes son estudiantes de la Universidad Internacional de Verano que está cerca de la librería. Hoy en clase han preparado una visita a la ciudad.

– Buenos días, don Julián. Necesito un plano de Salamanca.
○ ¿Un plano de Salamanca?
– Sí, es para la visita de esta tarde. ¿Cuánto vale el que está ahí, a la derecha de la puerta?
○ 500 pesetas.
– Es muy caro.
○ Tengo otros planos … A ver … El pequeño que está allí, encima de la mesa, sólo cuesta 200 pesetas.
– Estupendo.
○ ¿Necesitas algo más?
– Sí, un bolígrafo y un rotulador.
○ Están allí, en el mostrador, debajo de las postales. Son baratos y bastante buenos. ¿Qué color?
– El boli, azul, y el rotulador, rojo.
○ Muy bien. ¿Algo más?
– No, nada más, gracias.
○ Toma.

La bicicleta

- ¡Una bicicleta delante de la librería!
○ Sí, es del dueño. Don Julián es un hombre ecologista y optimista.

Está prohibido

– ¿Por qué aparca usted el coche delante de la Casa de las Conchas? Está prohibido.
○ Porque no hay aparcamientos libres.
– Sí, aquí al lado, a la izquierda de la droguería, hay un sitio libre.

Unas 400 conchas son el principal motivo ornamental de la «Casa de las Conchas» (siglos XV-XVI). Es también famosa la reja gótica delante de la ventana.

Tengo que consultar con la almohada.
Don Julián es un hombre entrado en años.

La Dama de Elche

19 De paso por Elche

El guía Esta escultura se llama la Dama de Elche. Tiene más de dos mil años y es la obra más importante de la cultura ibérica …

Señor Es preciosa.

El guía Pero es una copia. El original está en Madrid, en el Museo Arqueológico.

Niño Abuela, tengo hambre. ¿Cuándo comemos? Y sed también tengo.

Señora ¡Chsss …!

El guía Sí, ahora podemos descansar un rato. Allí hay un bar. Si quieren beber algo …

Niño ¿Sabe usted si venden helados?

El guía Creo que sí.

Un descanso

El guía ¿Qué quieren tomar?

Niño Yo, un helado de vainilla.

El guía ¿Y usted, señora?

Señora Un café con leche.

El guía ¿No quiere nada más?

Señora No, gracias. Así está bien.

El guía ¡Oiga! ¡Camarero, por favor!

Camarero Diga, señor.

El guía Por favor, un helado de vainilla y un café con leche. Y para mí, una cerveza y algo de comer.

Camarero ¿Quiere un bocadillo?

El guía Sí, un bocadillo de queso. O … no, mejor de salchichón.

Camarero Muy bien. En seguida, señores.

¿Escribimos una postal?

Niño Abuelita, ¿crees que venden postales aquí? Quiero escribir a mamá.

Señora Sí, mira, allí en el mostrador. ¿Necesitas dinero?

Niño No, no. Todavía tengo los diez duros de la semana.

El guía Usted no es de aquí. Es castellana, ¿verdad? ¿De Valladolid?

Señora Casi, casi. Soy de Burgos, aunque vivo en León desde hace unos años. ¿Y usted?

El guía Yo soy de Madrid. Vivo y trabajo aquí solamente durante las vacaciones. Pero soy madrileño de pura cepa.

Señora ¿En Madrid trabaja también de guía?

El guía ¡No, qué va! Soy estudiante. Estudio Historia del Arte en la Universidad Autónoma.

Niño Mira, abuelita. La Dama de Elche. ¿Te gusta?

Señora ¡Qué bonita postal! ¿Escribimos ahora?

Niño Sí. Yo escribo la postal y tú escribes la dirección y firmas también, ¿vale?

Señora Muy bien, hijo.

Así matamos dos pájaros de un tiro.

20 Un día completo

Margarita Pronto empiezan las clases, ¿no?

Ángel Sí, yo empiezo mañana y Ernesto el veinte.

Margarita ¿No empezáis el mismo día?

Ernesto Es que vamos a distintos cursos.

Margarita En el banco tenéis un horario muy bueno …

Ángel ¡Qué va! El banco cierra para el público a las dos, pero nosotros no terminamos hasta las cinco.

Ernesto Y a las seis ya tenemos que estar en el Instituto.

Margarita ¡Qué vida …! Caramba, ya son las ocho menos cuarto. Tengo que irme. ¡Hasta pronto!

A lo mejor voy

Ramón Hola, Nacho. ¿Qué cuentas?

Nacho Nada del otro mundo.

Ramón Oye, ¿sabes tú cuánto cuesta una entrada para el concierto de Plácido Domingo?

Nacho ¿Tienes interés en ir?

Ramón No sé. Pero si encuentro una entrada no muy cara a lo mejor voy.

Ramón Pero dicen que ya no hay.

Nacho Bueno, pues nada. Otra vez será.

Ese trabajo es cosa de coser y cantar.

21 Una cita

Suena el teléfono en casa de los Galván. Descuelga Ana, la hija.

Ana ¡Dígame!
Padre Hola, Ana. Soy papá. ¿Estáis bien? ¿Ya estás en casa?
Ana Claro que estoy en casa. Si ya es la una y pico. ¿Tú no almuerzas con nosotros hoy?
Padre No, guapa, no. Por eso llamo. Oye, ¿está mamá?
Ana Sí, un momento.

El señor Galván no almuerza hoy en casa porque piensa ir a un restaurante con un cliente que ha llegado de Londres. Ha pensado ir con él a eso de las dos al restaurante Canaletas, que está en las Ramblas, esquina a la calle Pelayo.
Pregunta a su mujer si tiene tiempo – y ganas – para ir a almorzar con ellos. Ella dice que sí, pero primero tiene que preparar la comida de los niños.

Ana ha dado calabazas a Miguel.
Una cosa es la amistad y otra cosa es el negocio.

22 Dos postales ...

Playa de Vega, 23 de julio de 1989

Querida abuelita:

Ya estamos en Vega. Vamos a estar 15 días aquí y luego vamos a Galapagar.
La pensión es sencilla pero muy limpia, la gente es simpática y la playa es una maravilla.
Mañana pensamos ir a Cangas de Onís y subir luego al monasterio de Covadonga y a los lagos.
Ruth y yo tenemos una habitación con vistas al mar.
Muchos besos de

Miriam

Sra. Dª Iraida Rodríguez
c/Príncipe de Vergara, 210

28002 - Madrid

Salamanca, 2 de septiembre de 1989

Queridos Diana y Gerardo:

¡Finalmente estoy en Salamanca! Después de un viaje un poco pesado gozo del cielo azul, del sol (sobre todo en la piscina) y de la vida nocturna en la Plaza Mayor.
Aquí en verano no llueve nunca.
El programa de la Universidad es muy interesante y cuando no hay clase visitamos los alrededores.
Un cordial saludo

Marta

Diana y Gerardo Recio
Badbrunnerstr. 22

D-7000 Stuttgart 1

… y una carta de México

México D.F., 5 de octubre de 1989

Queridos tíos:

Ya sabéis que estoy en México desde el mes pasado, ¿no? Esta ciudad es realmente impresionante. ¡Cuánta gente! ¡Qué tráfico! Aquí viven unos 14 millones de habitantes.

Voy a estar en México medio año para trabajar y conocer la industria del petróleo gracias a una beca del gobierno mexicano. Es muy interesante y aprendo mucho. Dentro de poco vamos a hacer una visita guiada a las plataformas del golfo.

Los fines de semana hacemos excursiones. Este domingo vamos a ir a Teotihuacán, donde se encuentran las famosas pirámides del Sol y la Luna. En noviembre queremos ir a Tlalnelhuayocán/Veracruz (así se llama, no es broma).

Por lo demás llevo casi la misma vida que en Zaragoza: me levanto temprano, me acuesto tarde y trabajo mucho.

¿Qué tal estáis vosotros? ¿Os habéis decidido definitivamente por Madrid?

Un fuerte abrazo de vuestro sobrino.
A ver si me escribís.

Claudio

Isabel tiene mucho rollo.

23 En la estación de servicio

Un coche con matrícula alemana entra en el recinto de una estación de servicio en las afueras de Valencia. El conductor sale del coche, levanta el capó y pregunta a un empleado de la gasolinera:

– Por favor, ¿puede usted mirar el motor? Hay un ruido raro. Hemos tenido que parar varias veces porque ha salido mucho humo. Quizás han cometido un error en el taller en Alemania. Allí han revisado el coche antes de salir. Hemos venido directamente aquí.
○ ¡Cómo no! Ahora mismo miro el motor. Si ustedes quieren tomar mientras tanto un refresco, allí, al otro lado de la carretera, hay un bar.
– Gracias. Es usted muy amable … Otra cosa: ¿puedo llamar por teléfono a Alemania desde aquí? Es que no tenemos suficientes monedas para llamar desde una cabina.
○ Sí, sí, no hay problema. ¡Entre! ¡Adelante!

INSTRUCCIONES

Introduzca una moneda de 5, 25, 50 ó 100 ptas en la ranura superior.
Descuelgue el auricular.
Espere la señal.
Marque el número.

LLAMADAS INTERNACIONALES

Marque el 07 y espere la señal. Marque el indicativo del país y, sin esperar, el indicativo de población y seguidamente el número del abonado.

País	**Indicativo de país**
Alemania (República Democrática)	37
Alemania (República Federal)	49
Austria	43
Dinamarca	45
Finlandia	358
Francia	33
Reino Unido	44
Noruega	47
Países Bajos	31
Suecia	46
Argentina	54
Estados Unidos	1
México	52

Cuando el río suena, agua lleva.

24 En la playa

– La familia francesa que está allí, al lado de la barca, está en nuestro cámping.
○ No son franceses. Son españoles.
– ¿De verdad? Pues tienen un coche con matrícula francesa.
○ Sí, pero son españoles. Viven en Francia desde hace 15 años. ②

– Perdone: ¿qué hablan ustedes?
○ Hablamos alemán.
– ¡Pero qué bien entienden y hablan español!
○ Yo sí, pero mi marido nada de nada. ①

– Han dicho que va a llover. ⑤
○ No, chica, aquí no, en Galicia.

SOL Y MAR
SOL PLAYA
PISCINA
– Aquí en la playa hay siempre mucha gente.
○ ¿Por qué no subimos a la piscina del hotel?
– Bueno, vamos. ③
PISCINA
KIOSCO LA PLAYA
– ¿Has visto la postal que he escrito a Pili? ④
○ Sí, ya he dicho antes a Pepe que es preciosa.
No entiendes nada. Eso parece chino.

25 Un joven gallego

Madre Hoy vamos a tener un bonito día.

Octavio ¡Ojalá! Ha llovido mucho toda la semana. ¿Dónde está el pan? Tengo que preparar un bocadillo.

Madre ¿Pero dónde tienes los ojos? Allí está el bocadillo, encima de la mesa, y el termo de café.

Padre Tienes cara de cansado …

Madre Hombre, claro que está cansado. Si ayer llegó a casa muy tarde.

Padre ¿A qué hora llegaste?

Octavio Tan tarde no llegué ... A eso de las dos. Julián volvió ayer de Madrid y sus hermanos nos prepararon una merluza estupenda. Comimos todos juntos y lo pasamos bomba.

Octavio Ferreira vive con sus padres en Villar Fernando, un pueblo situado a orillas de la ría de Ribadeo, que forma frontera natural con Asturias.
Octavio tiene tres hermanos y una hermana. El mayor, el único que está casado, emigró a Venezuela hace ya varios años. El segundo y la tercera viven en Vigo. El cuarto está en Ceuta, en el servicio militar.
Como el padre ya es muy viejo, Octavio sale solo a pescar a la ría.

Por la tarde, nada más regresar al puerto, Octavio descarga la pesca y lleva las cajas a la lonja.
En una hora, más o menos, Octavio vende todo el pescado … ¡y a un buen precio!
Satisfecho con la venta, se va luego al bar a charlar con los amigos.

Álvaro Hola, Octavio. Ayer no estuviste por aquí. ¿Qué hiciste?
Octavio Fui a buscar a Julián a la estación y luego fuimos a cenar juntos.
Manuel ¿Fuisteis al restaurante nuevo?
Octavio No, qué va. Cenamos en casa de Julián. Pepe y Fernando prepararon una merluza a la vasca …
Álvaro ¡Qué modernos! Eso en mi casa no existe todavía.
Manuel Los tiempos cambian, amigo.

Quien fue a Sevilla, perdió su silla.

26 ¿Qué le pasa?

– ¿Qué le pasa?
○ Parece que le duele la pierna.

– ¿Qué te pasa?
○ No sé. Me duele la rodilla.
– Aquí llega el masajista.

Tiene muy mala cara.
Hoy no estoy muy católico.

27 Tiempo libre

Encuesta: ¿Qué haces en tu tiempo libre?

Los días laborables: Hago los deberes y me entreno en un equipo de fútbol.

El sábado: Generalmente duermo hasta las diez. Desayuno y luego juego al fútbol. Por la tarde miro la tele o escucho música.

El domingo: Duermo mucho, voy al fútbol, escucho la radio y miro la tele.

Nombre y apellido: Modesto Sílvez Edad: 15 años

Los días laborables: Toco la guitarra, hago punto, escucho música, juego con mi gato.

El sábado: Pongo orden, doy una vuelta por el centro o acompaño a mi madre al mercado. Por la tarde voy al cine o a la discoteca con los amigos.

El domingo: Por la mañana vamos a misa, luego almuerzo con mi familia, a veces vamos de excursión o a casa de los abuelos.

Nombre y apellido: Paula Jiménez Edad: 16 años

Los días laborables: Veo la tele y leo el periódico.

El sábado: Voy temprano al campo. Me gusta ir de caza con un amigo. Por la tarde leo mucho y voy siempre que puedo al teatro o al cine con mi novia.

El domingo: Con Paloma, mi novia. Visitamos museos, galerías de arte o pasamos el día en el campo. Por la tarde, si estamos en mi casa, leemos, charlamos, vemos un poco la televisión ...

Nombre y apellido: Ernesto Jiménez Edad: 29 años

– Oye, María Amparo, ¿qué haces tú en el tiempo libre?
○ Eso depende mucho de los días y del trabajo. Entre semana, es decir los días laborables, leo el periódico, estudio inglés en una academia nocturna, hago punto y miro a veces la tele.
– ¿Y los sábados?
○ Bueno, los sábados, después de recoger la casa, voy normalmente al centro. Por la tarde suelo coser porque me encanta, a veces estudio inglés por mi cuenta, leo o jugamos todos a las cartas ... Otras veces cenamos con los amigos en casa o en un restaurante.
– ¿Haces también vida social los domingos?
○ No mucho. Normalmente toda la familia da un paseo o vamos a pasar el día en el campo. Por la tarde, si tengo tiempo, hago trabajos manuales mientras charlamos o vemos la televisión ...

He dormido como un tronco.

28 El tiempo ...

– ¿Hace frío?
○ No, frío no hace. Pero hace mal tiempo. Llueve y hace mucho viento.

– ¿Qué tal el tiempo?
○ Fantástico. Hace sol. Hace calor.

Los meses

Treinta días trae noviembre
con abril, junio y septiembre;
los demás traen treinta y uno
menos febrerito el mocho
que trae veintiocho.

Adivinanza

Un árbol con doce ramas;
cada rama, cuatro nidos;
cada nido, siete pájaros
y cada cual su apellido.
(Solución: pág. 107)

… y las estaciones del año

El otoño – uvas maduras en septiembre.

El verano en casi toda España es muy seco.

– ¡Qué día tan bonito!
○ Sí, hace un sol espléndido.
– Cuando hace calor, yo estoy como nueva.
○ Es verdad. Cuando hace buen tiempo, todo el mundo tiene otra cara.

– ¿Dónde está mi paraguas? Fuera llueve a cántaros.
○ Ha hecho buen tiempo toda la semana, pero justamente hoy …
– En el norte ha hecho mal tiempo todo el mes. Ha llovido mucho aunque no ha hecho tanto viento.

Todos hablamos del tiempo

A mal tiempo, buena cara.
Nueve meses de invierno y tres de infierno. (En Castilla.)
En abril, aguas mil.
Julia solamente tiene diecisiete primaveras.
Una golondrina no hace verano.

29 Sobre gustos no hay nada escrito

Salvador Dalí:
El enigma de
Guillermo Tell.

– ¡Qué horror!
Es una tomadura de pelo.

– ¿Te gusta?
○ Pues claro. ¡Es fabuloso, hombre!

– Creo que no te gusta demasiado.
○ Desde luego que no. ¡Qué espantoso!

Genio y figura hasta la sepultura.

30 En la lavandería ...

– Buenos días. Traigo un poco de ropa para lavar.
○ Muy bien.
– ¿Cómo se hace?
○ A ver ... ¿Qué trae? Bueno, este jersey es de lana. Se lava en seco, ¿eh? Y estos pantalones también. Tiene que ir a una tintorería.
– El lavado en seco es más caro, ¿no?
○ Algo más, sí. Pero al otro lado de la calle tiene usted la tintorería más barata del barrio. Allí enfrente.
– Tres camisas y unos pantalones, entonces.
○ Todo de color. Mire, en esta ranura se ponen las fichas. Se aprieta este botón y ya está.
– ¿Y el jabón?
○ Se pone aquí... ¿Ve? Marca la temperatura, 30 grados.
– Entiendo... Y se seca allí, en la secadora, ¿no?
○ Eso es. Aquí tiene un carrito.
– Bueno, gracias.

TINTORERÍA «EL SOL»			Lista de precios
PANTALONES	600 pts.	VESTIDO	500 pts.
CHAQUETA	600 pts.	FALDA	400 pts.
TRAJE	1.300 pts.	CAZADORA	500 pts.
ABRIGO	1.000 pts.	VAQUEROS	600 pts.
JERSEY	450 pts.		

	Lavandería «CASTILLA»	Lavandería HOTEL «COLÓN»
niki	125 pts.	200 pts.
blusa	200 pts.	300 pts.
camisa	150 pts.	350 pts.
bragas	100 pts.	150 pts.
calzoncillos	100 pts.	150 pts.
calcetines	75 pts.	100 pts.
pijama	250 pts.	400 pts.

En muchos hoteles hay también lavandería. Pero resulta en general mucho más caro.

... y en una exposición de cerámica

– ¡Qué preciosa exposición de cerámica!

○ ¿Te gusta la cerámica española?

– Me encanta. Tengo una pequeña colección de botijos en casa.

○ Mi cuñada colecciona platos típicos de cada región.

– Más interesantes que los platos me parecen los botijos.

○ ¿Y eso?

– Porque, además de tener diferentes colores o dibujos, la variedad de formas es fascinante.

○ Bueno, pero hay platos muy sencillos, platos más adornados y platos recargadísimos.

– A pesar de todo. Lo más curioso son para mí las distintas formas de los botijos. Un botijo de barro de La Rambla  no tiene nada en común con un botijo de Alba de Tormes.  Y la forma de animal del botijo de Cuenca  es muy distinta del botijo más clásico de Ciudadela. 

En casa del herrero, cuchillo de palo.

31 Unas zapatillas de tenis ...

Las rebajas de verano acaban de empezar.

Como otras muchas personas, Laura y Miguel han esperado esta ocasión para comprar ropa y zapatos. Entran en una tienda de prendas deportivas.

Laura Espera, aquí hay zapatillas rebajadas.
Miguel Pero no son de la marca que yo quiero.
Laura Eres un pesado. No sé por qué das tanta importancia a una marca. Lo esencial es la calidad.
Miguel Pero las zapatillas de esta marca son mejores que las otras.
Laura ¿Mejores? Son más caras, eso sí. ¿No has leído en la prensa que hoy día casi todo se fabrica en Hong-Kong y es más o menos de la misma calidad?
Miguel Bueno, si te empeñas... Señorita, por favor, ¿cuánto cuestan estas zapatillas?
Dependienta 5.999 pesetas.
Laura ¿No tiene unas zapatillas más baratas?
Dependienta No, estas son las más baratas que tengo. ¿Qué número calza?
Miguel El 42. ¿Qué colores tiene?
Dependienta Blanco y gris.

Miguel se prueba las zapatillas grises.

Miguel Son muy cómodas. ¿Qué te parecen?
Laura Sí..., pero las blancas se limpian mejor.
Miguel Vale. Entonces me quedo con las blancas.

… y un jersey de algodón

Miguel acompaña después a Laura a una casa de modas.

Miguel ¿Qué buscas?
Laura Un jersey de algodón. Señorita, ¿es de algodón puro este jersey verde?
Dependienta Sí, claro. ¿Qué talla tiene usted?
Laura La 44.
Dependienta Lo siento. Sólo la talla 46 está rebajada. Pero estos jerseys son bastante pequeños.
Laura A ver… ¿Te gusta, Miguel?
Miguel Sí, sí, es muy bonito.
Dependienta Y es bastante barato. Normalmente son mucho más caros.

Dos días más tarde Miguel regala las zapatillas a su hermano menor porque… son demasiado estrechas.
Una semana después Laura regala el jersey a su hermana mayor porque… es demasiado grande.
Han hecho la peor compra del año.

Estás como niño con zapatos nuevos.
Zapatero, a tus zapatos.

32 Primeros auxilios

¡¡¡ … Paaff!!!
En la carretera que lleva de Motril a Torrenueva una automovilista pierde el control del coche y choca contra un árbol. Menos mal que lleva abrochado el cinturón de seguridad. Lo suelta y sale del vehículo.
Detrás de ella un taxista frena en seco para ayudarla.

– ¿Qué le ha pasado? ¿Está usted herida? ¿Le duele algo? Está pálida…
○ El brazo, pero no es nada grave…, espero.
– Mire, tiene una pequeña brecha en la frente. La llevo ahora mismo al puesto de socorro que está a unos 300 metros de aquí
○ ¿Al hospital?
– No, señora. La Cruz Roja Española tiene un puesto aquí cerca, al lado de la carretera. Es para prestar los primeros auxilios. Allí hay normalmente un médico y una ATS, o sea una enfermera.
○ ¿Y el coche? ¿Lo dejo aquí?
– Sí, puede dejarlo aquí. Desde allí avisamos a la policía y, si es necesario, a la grúa.
○ Mi cartera… Mejor la llevo, ¿no?
– Por supuesto. Tampoco conviene dejarla en el maletero o en la guantera. No se sabe nunca.

Esa historia no tiene pies ni cabeza.

33 Más vale prevenir que curar

El lunes: Beatriz y Miguel decidieron realizar su soñado viaje a Suiza.

El martes: Pidieron los billetes de avión para el domingo. «Yo no quiero llevar dinero» – dijo Beatriz. «La tarjeta de crédito es mucho más segura.» «Nada de tarjetas de crédito» – decidió Miguel de forma poco democrática.

El miércoles: Recogieron las divisas: dos mil francos suizos.

El jueves: Fueron a recoger los pasaportes en la gestoría.

El viernes: Beatriz dijo: «¿Y si un ladrón nos roba todo? Tenemos que esconder bien el dinero.» «Mujer, por Dios ...» – la interrumpió Miguel. Sin decir nada a su marido, Beatriz, para estar más segura, puso el dinero y los pasaportes en una bolsa de plástico y la escondió en el horno.

El sábado: Llegaron unos amigos con una botella de Rioja y unas empanadas para celebrar la despedida. Miguel encendió el horno para calentar las empanadas. Se calentó, se calentó... y empezó a salir un humo oscuro y un fuerte olor a plástico quemado. ¡Qué desgracia! Beatriz y los demás corrieron a la cocina y abrieron el horno. ¿Qué vieron? Sus ilusiones convertidas en humo.

Quien mucho abarca, poco aprieta.

34 En el número 85

En la calle del Coso, en Zaragoza, quedan muy pocos porteros. Casi todos los edificios tienen portero automático. En el número 85, un edificio de estilo modernista, hay sin embargo una portera. Es una señora de edad media. Lleva más de quince años en esta casa y conoce bien a todos los que viven en ella.
Una tarde, mientras está pasando la escoba delante de la portería, entran dos repartidores de El Corte Inglés con un frigorífico.

Repartidor Buenos días. ¿Los señores Gimeno viven aquí?
Portera Sí, en el tercer piso.

Los repartidores empujan el frigorífico hacia el ascensor.

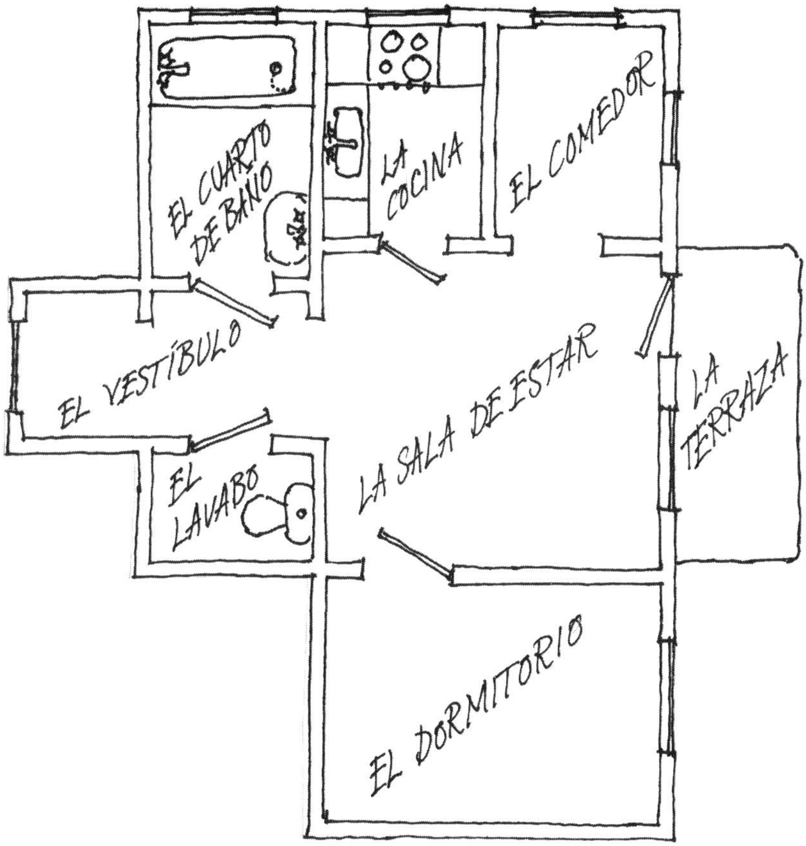

Portera ¡Ah, no! El ascensor es demasiado pequeño para un frigorífico. ¡No es un montacargas! Tienen que subir por la escalera. Además, yo creo que no hay nadie. El piso está vacío todavía. No se casan hasta la semana que viene.

Repartidor ¿Y dónde ponemos el frigorífico? ¿En la portería?

Portera ¡Ay, por Dios! Eso sí que no. ¡En la portería no cabe ni un alfiler! Los padres de Alicia viven en el quinto. A lo mejor ellos tienen la llave.

Repartidor Bueno, bueno, gracias... Vamos a subir.

Portera Un momento... Miren, allí llega la señorita Ruiz. Hola, Alicia. Estos señores son de El Corte Inglés. Traen el frigorífico.

Alicia ¡Qué bien! Vengo de allí precisamente. Siento llegar tarde, pero los autobuses... Ya saben ustedes. Ahora subo. Si viene alguien más, estoy arriba, señora Méndez. Hoy ya no vuelvo a salir de casa.

Mi hermano vive en el quinto pino.

35 Hogar, dulce hogar

Isabel está sola en su nuevo piso. En el vestíbulo queda todavía un montón de cajas, paquetes y muebles. Llaman a la puerta.

Isabel Adelante, la puerta está abierta.
Javier Hola, Isabel.
Isabel Hola, Javi. ¿Vienes solo?
Javier No, vienen también Fernando y Anita. Están aparcando el coche.
Isabel ¿Quién es Anita? No la conozco.
Javier ¿No conoces a la novia de Fernando? Sí, mujer, una chica rubia y delgada…
Isabel No, no la conozco. Pero cuantos más, mejor. Rafa no ha llegado todavía. Ha ido a la estación a buscar a su hermano.
Javier Mira, ahí vienen Anita y Fernando.
Fernando Hola, Isabel. Te presento a Anita.
Isabel Encantada.
Anita Mucho gusto.
Fernando ¡Qué piso! ¡Qué suerte habéis tenido! Con moqueta y todo…

Todos se ponen a trabajar, desempaquetan y ponen las cosas en su sitio.

Fernando Isabel, ¿dónde pongo estos cuadros?
Isabel Puedes ponerlos por ahora en el cuarto de estar, debajo de la ventana, en el suelo.
Anita ¿Y las tazas?
Isabel ¿Cómo dices?
Fernando Dice que dónde pone las tazas. ¿En la cocina?
Isabel Sí... No, espera. En el comedor, mejor.

Una hora más tarde.

Javier ¿Descansamos un rato?
Isabel De acuerdo. Vamos a comer algo. Si queréis, hago unas tortillas francesas. Y sacamos jamón y queso, que tengo en la nevera.
Fernando Buena idea. Te ayudamos.
Anita ¿Dónde tienes los platos? Por aquí no los veo.
Javier Los he puesto ya en el armario, al lado de los vasos.

36 Un campesino

Juan Casares está todavía soltero. Vive con su madre, viuda desde hace años, en un pueblecito de la provincia de Málaga.
Tienen una pequeña finca con cerdos, gallinas y cuatro vacas. Todos los días, por la mañana, Juan da de comer a los animales y ordeña las vacas. El camión de la cooperativa transporta la leche a Málaga.
Juan y su madre se tienen que levantar a las cinco de la mañana. Mientras ella se ocupa de los quehaceres domésticos, él se cuida de los animales. Luego se ducha.

Madre Pero hijo, ¿vienes de una vez a desayunar?
Juan Sí, pero rápido. Quiero bajar con el camión a Málaga.
Madre ¿A Málaga hoy?
Juan Sí, ¿no te acuerdas? Tengo que ir al dentista. Y además quiero cortarme el pelo.
Madre Es verdad. Oye, ¿por qué no le llevas una cesta de tomates al tío?
Juan Sí, cómo no. Además les prometí una cesta de higos a los niños.
Madre Y si tienes tiempo puedes hacerme un par de recados. Necesito pilas para la radio y dos bombillas de 60.
Juan Muy bien. El camión no puede tardar ya.
Madre Me parece que está llegando. ¿No te pones el abrigo? Hace frío.
Juan Sí, sí. Hasta luego.
Madre Adiós, hijo.

De vacaciones

– ¿Nos traes algo de España?
○ ¿Qué os gustaría?
– A mí, una mantilla blanca.
≈ Y a mí, el último libro de Delibes.
– Vale. Hasta la vuelta, entonces.

A quien madruga, Dios le ayuda.
Te he echado mucho de menos.

EBRO
MA 3491

37 A la peluquería …

Chófer ¿Dónde te dejo?

Juan En el Paseo del Parque. Tengo que ir primero al dentista y a la peluquería. Y luego quiero pasar un momento por casa de mi tío Alberto. Tú le conoces, ¿no?

Chófer Sí. ¿No es el señor que tenía una carpintería delante de la Alcazaba? Me acuerdo de que cuando yo era pequeño mi padre y yo, los domingos, íbamos a pescar con él. ¿Aún tiene la carpintería?

Juan No, ya no. La vendió.

Chófer Pero si tenía siempre mucho trabajo. ¿No hacía cajas para la uva?

Juan Eso es. Pero las cajas las pagaban muy mal. Y además su hijo se fue a Barcelona y él no quería tener empleados. Así que la vendió. Ahora no encuentra trabajo.

Chófer No lo sabía … Te dejo aquí. Y hasta la vista.

… y en casa de nuevo

Madre Te han cortado el pelo muy bien… Pareces otro. ¿Dónde has estado? ¿En la peluquería junto a la iglesia?

Juan No, en la de enfrente del puerto.

Madre ¿Has comprado las pilas?

Juan Sí, y las bombillas. Además he encontrado unas zapatillas baratísimas en el mercado. Pero ¡cuánta gente había hoy!

Madre Me lo imagino. ¿Y cómo te fue en el dentista?

Juan Mejor de lo que yo creía. No tenía ninguna muela picada y por eso duró poco tiempo. Luego fui a ver al tío.

Madre ¿Te contó algo nuevo?

Juan No, sigue en el paro. Ha buscado trabajo en muchos sitios, pero nada… La cosa está fatal.

Madre ¡Qué mala suerte, el pobre! ¿Y qué habéis hecho?

Juan Nada especial. Hemos dado una vuelta por el puerto y después hemos comido juntos. Me ha dicho que se alegra mucho de los tomates.

Eso se arregla en un santiamén.
Lo hemos terminado en un abrir y cerrar de ojos.

38 ¿Un buen negocio?

Dependienta Buenas tardes. ¿En qué puedo servirle?

Señor López Buenas tardes. He visto un plato de porcelana en el escaparate... ¿Me lo enseña, por favor?

Dependienta ¿Aquel azul? Es danés.

Señor López Es bonito. ¿Cuánto cuesta?

Dependienta Veinticinco mil pesetas. La porcelana danesa es de muy buena calidad.

Señor López ¿Veinticinco mil? Es demasiado caro. He pensado gastar unas cinco mil o algo así...

Dependienta A ver... Claro, cinco mil no es mucho si usted tiene en cuenta que la porcelana de marca es algo especial. ¿Y aquella jarra con flores?

Señor López ¿Cuál? Ah, sí... No, es demasiado pequeña.

Hay un plato roto en el mostrador. El señor López lo mira.

Señor López ¿Y este plato? Es precioso.

Dependienta ¿Este? El doble, cincuenta mil. Nuevo, claro.

Señor López ¿Y así..., roto?

Dependienta Roto no lo quiere nadie.

Señor López ¿Me lo vende por tres mil pe...?

Dependienta Bueno, se lo puedo dar por cuatro mil pesetas.

Señor López De acuerdo. Cuatro mil. Haga el favor de enviarlo hoy mismo a la oficina central de la Seat, en esta misma calle, al señor don Enrique Lapaz.

Dependienta No faltaba más.

«Qué cliente más raro» – piensa la dependienta –. «Un plato roto».
«Qué negocio» – piensa el señor López cuando sale de la tienda –. «Un regalo tan elegante por sólo cuatro mil pesetas. Este va a ser seguramente el mejor regalo que mi jefe va a recibir con motivo de su boda.»
Al día siguiente entra muy contento en la oficina.

Señor López Hola, chicos. Oye, Luis, ¿sabes si ha llegado mi paquete para el jefe?

Luis Sí, lo ha abierto y está indignado. ¡Un plato roto!

Señor López ¿Roto? ¿Qué dices? ¡Qué mala suerte! Seguro que lo han roto por el camino. ¡Qué patosa es la gente!

Luis Por el camino, ja, ja ... Si ha llegado en dos paquetes... Yo mismo los he visto. Un paquete para cada trozo, muy bien envueltos.

Señor López ¡No!

Luis No le ha hecho ninguna gracia, te lo juro.

Un regalo de boda

– Buenos días, señorita. Quisiera entregar este paquete personalmente al señor Lapaz.
○ Lo siento, no está. Acaba de salir.
– ¿Puede decirle que he estado aquí, por favor? Tenga mi tarjeta. Me puede llamar a mi despacho después de la una.
○ Como usted quiera, señor.
– Muchas gracias.
○ No hay de qué.

Ha salido el tiro por la culata.
No es oro todo lo que reluce.

39 En el mercado

– Buenos días. ¡Cuánta gente! Y usted sola aquí. ¿No está su marido?
○ Sí, sí, vuelve dentro de poco. Está desayunando en el bar.
– ¡Qué bien vive! ¿Me da dos kilos de patatas?
○ ¿Quiere que le ponga de estas?
– Sí, pero grandes, por favor.
○ Mire, le pongo buen peso.
– Muy amable, gracias… Y kilo y medio de uvas.
○ Estas de Almería son muy dulces.
– ¿Tiene algún melón?
○ No, no me queda ninguno ¿Quiere una sandía? Son de Valencia.
– Pero quiero que esté bien madura.
○ Aquí tiene. ¿Algo más?
– No, está bien. ¿Cuánto le debo?
○ Tenga. Son… 430 pesetas.
– ¿430? Hay que ver cuánto están subiendo los precios…
○ Sí, hija, sí … ¡Adiós! ¡Que lo pase bien!
– Igualmente. ¡Adiós!

Al pan, pan, y al vino, vino.
Preguntando se llega a Roma.

40 Perú: dos caras de la misma moneda

Hamburgo. Clase de Ciencias Sociales.
El profesor y los alumnos han traído algunos materiales para ilustrar un trabajo sobre América Latina: fotos, discos, folletos, libros.
Pronto se inicia una discusión muy animada sobre las distintas impresiones de los que han estado en Perú o conocen algo de ese país.

Michael Yo estuve en Perú con mis padres el año pasado, por Navidad. Pudimos ir porque mi padre es piloto de Lufthansa. Para mí, Lima es una ciudad preciosa. Lo que vimos en Lima me encantó: la Catedral, la Plaza de Armas, los museos… He traído muchas fotos.

Monika ¿Dónde estuviste? ¿Sólo en Lima?

Michael Primero estuvimos en Lima. Lamentablemente no pude quedarme muchos días allí. Seguimos el viaje hacia Cuzco y el lago Titicaca. Y visitamos una hacienda entre Lima y Cuzco. No me acuerdo de cómo se llamaba el lugar, pero sí recuerdo que había maquinaria muy moderna.

Monika Pero lo que tú cuentas es solamente un aspecto, el aspecto turístico. Perdona mi franqueza, pero si vas una vez a uno de los «pueblos jóvenes», como llaman allí a los suburbios pobres…

Astrid Yo estoy de acuerdo con Monika. Esas fotos no dan una imagen real de Hispanoamérica, muestran sólo una cara. En primer lugar hay otros países…

Profesor Es cierto, es cierto. Hay que tener mucho cuidado con las generalizaciones. Es verdad que se trata solamente de una parte…

El profesor cuenta, mientras muestra otras fotografías, que también él estuvo en Latinoamérica, concretamente en Perú, en sus años de estudiante. Y que le chocó mucho la pobreza que había en aquel país.
Cuenta que pasó unos días en un poblado indígena, en los Andes, cerca del lago Titicaca. Y que vio cómo los indios trabajaban la tierra como en Europa hace cien años. «Con el analfabetismo que hay», añade el profesor, «no sé cómo se puede desarrollar ese país».

Profesor Tenemos que terminar. Cuando hablemos de Chile la semana que viene… Es decir, cuando Monika nos cuente cosas de Chile, podemos comparar.

Monika Tengo también muchas fotos de Chile.

Profesor Bien, estupendo. Cuando tratemos ese tema, vamos a tener ocasión de conocer un poco otro país muy distinto, creo yo, del Perú.

No hay peor sordo que el que no quiere oír.

Un poco más sobre España

(Fakultative Texte und Übungen)

A El centro de España

(nach Lektion 20)

– «Caballero, en **Castilla** no hay curvas».
○ Tienes razón. Uno se cansa al volante porque recorres cientos de kilómetros y no ves otra cosa que un cielo azul, inmensos campos de girasol en flor …

Castillo de la Mota, en la provincia de Valladolid.

Castillo de Torrelobatón, en la provincia de Valladolid.

En el paisaje de Castilla destaca de cuando en cuando la torre de algún pueblo o algún castillo. No hay mucho tráfico y en verano el calor vibra en el aire. En las carreteras pequeñas a veces te refresca una llovizna fina, porque los aspersores que riegan los campos también riegan las carreteras.

– ¿No hay dos Castillas?
○ Bueno, ahora ya no se habla de Castilla la Nueva – al norte y al oeste de Madrid – y de Castilla la Vieja – al sur –.
Desde que existen las «Autonomías», entre 1979 y 1983, se llaman «Castilla-León» y »Castilla-La Mancha».
– ¿Y Madrid?
○ Madrid, la «Comunidad de Madrid», está entre las dos Castillas.
– ¿«Castilla» viene de «castillo»?
○ Claro: «el país de los castillos».

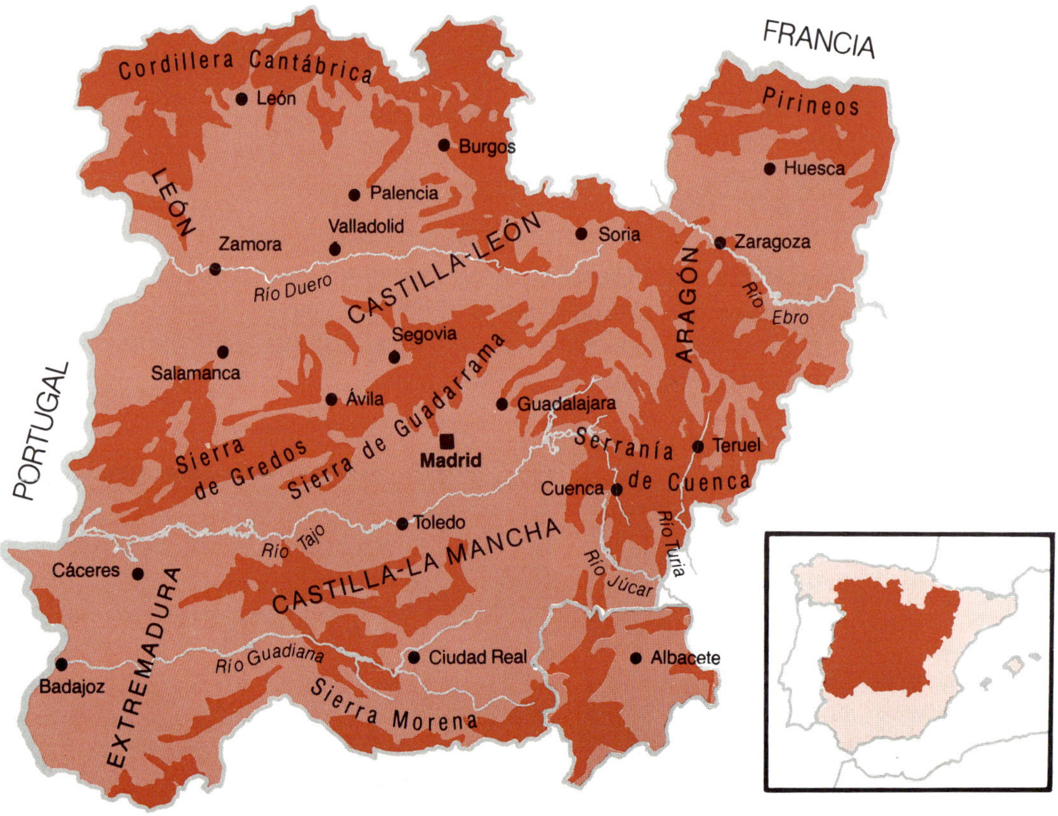

La historia de los castillos está estrechamente vinculada a la Reconquista. Muchos castillos son de los siglos IX al XII: se construyen durante el avance de los cristianos hacia el sur – hasta llegar a Granada y vencer a Boabdil, el último rey moro.

Las dos Castillas han jugado un papel muy importante en la historia del país. Pero hoy los castellanos se sienten un tanto abandonados, porque son las partes costeras de la Península las que llaman más la atención fuera de España.

Acueducto romano en la ciudad de Mérida (Extremadura).

– ¿Y **Extremadura**?
○ Históricamente Extremadura es un país de héroes y conquistadores.
– ¿Conquistadores?
○ Sí, Pizarro, Hernán Cortés, Vasco Núñez de Balboa y otros.
– ¿Y hoy? ¿Cómo es hoy Extremadura?
○ Hay allí mucha agricultura. Ciudades apacibles, huellas musulmanas y judías, arte renacentista ... Y en Mérida y otros lugares, unas maravillosas construcciones del tiempo de los romanos.

Plaza principal del pueblo de Calaceite (Teruel, Aragón).

Otra región del centro – y del norte – de España es **Aragón.** Aragón tiene muchas zonas de gran belleza natural, cumbres muy altas en los Pirineos, maravillosos parques naturales como Ordesa y Monte Perdido, arte románico en el norte ... Y, como contrapunto oriental, el arte mudéjar, profundamente arraigado en aquellas tierras.

Claustro del antiguo monasterio de San Juan de Duero, Soria.

Acueducto romano de Segovia.

– Hay mucho que conocer en España ...
○ Sí, pero hasta ahora, lamentablemente, casi todos los extranjeros se limitan a visitar las costas y quizás Madrid o dos o tres ciudades más.
– Mejor para los pocos que, con espíritu de descubridores, visitan los bellos paisajes y los pueblos o las ciudades del interior.

Puerto de Navacerrada:
12 pistas,
5 telesillas,
6 telesquís,
1 telebaby,
66 profesores.

En la Mancha quedan todavía molinos de viento.

En el siglo XVI muchos artistas trabajan en Castilla, centro cultural de España. El Greco, autor del famoso cuadro «El caballero de la mano al pecho», pinta en Toledo.

B El sur de España

(nach Lektion 25)

Algunos personajes famosos de Andalucía		
Séneca	filósofo, escritor	52 a.C. – 39 d.C.
Abul Kássim	médico hispano-árabe	936 – 1013
Maimónides	filósofo judío	1135 – 1204
Abul Hasán Alí[1]	rey árabe de Granada	– 1484
Bartolomé de las Casas[2]	obispo de Chiapas, México	1470 – 1566
Peter Siemens[3]	soldado de Carlos I	siglo XVI
Bartolomé Esteban Murillo	pintor	1617 – 1682
Pedro Antonio de Alarcón	escritor	1833 – 1891
Antonio Machado	poeta	1875 – 1939
Manuel de Falla	compositor	1876 – 1946
Pablo Picasso	pintor	1881 – 1973

1 Padre de Boabdil, el último rey árabe de Granada hasta 1492. Conocido entre los cristianos con el nombre de «Muley Hacén». La montaña más alta de la Sierra Nevada en Andalucía, el «Mulhacén», lleva su nombre.

2 Fray Bartolomé de las Casas, jurista, obispo, historiador. En su obra histórico-social «Brevísima relación de la destrucción de las Indias» se ocupa, entre otras cosas, de determinados abusos de los conquistadores españoles en América.

3 Peter Siemens, soldado de Carlos I de España (Carlos V de Alemania) llevó a Andalucía un plantón de uva que hoy es la base para un famoso vino de Jerez: se trata de la uva llamada «Pedro Ximénez».

Paisaje de Ronda, en la provincia de Málaga.

«Fuente de Colón» en Palos, provincia de Huelva.

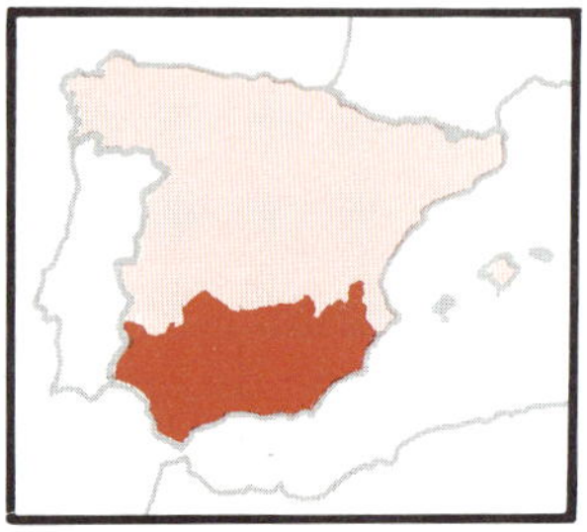

Andalucía es, sobre todo, una región agrícola. Produce, entre otras cosas, trigo, arroz, tomates, agrios y el 70% de las aceitunas españolas.
Si se tiene en cuenta que el 2% de la población posee el 50% de la tierra, se puede decir que está muy mal repartida.
Existen en Andalucía inmensos latifundios. Muchos terratenientes disponen de toda clase de maquinaria agrícola moderna. Otros no cultivan sus tierras o solamente una parte de ellas.
Un 80% de los campesinos andaluces no tienen tierra propia.

Durante el verano muchas personas pueden trabajar en los centros turísticos. Pero la mayoría de ellas solamente encuentra trabajo en el turismo durante unos meses.
También es preocupante la contaminación de muchas playas y la escasez de agua potable.
Además del turismo tradicional hay ahora en Andalucía muchos árabes ricos de los países productores de petróleo.
Van a esa hermosa región a pasar las vacaciones y algunos hasta compran fincas y hoteles.

La influencia árabe en Andalucía es muy importante. Hay monumentos árabes de gran valor - aquí la Alhambra de Granada.

En el interior de Andalucía hay todavía campesinos que no utilizan tractores.

Árabes y centroeuropeos en Andalucía

– Dicen en los periódicos que los árabes vuelven a Andalucía.
○ Ocho siglos estuvieron allí. Y ahora, después de casi otros cuatro siglos ... Pero no hay que exagerar.
– No sé, no sé. Si pienso en los millones que han invertido en la Costa del Sol, en Marbella, en Puerto Banús ...
○ Yo, en cambio, acabo de leer que en Jaén hay, desde hace más de dos siglos, un buen número de personas de origen centroeuropeo.
– ¡No me digas!

A Torremolinos, en la costa andaluza, llegan turistas del mundo entero.

Temperatura media en Málaga:

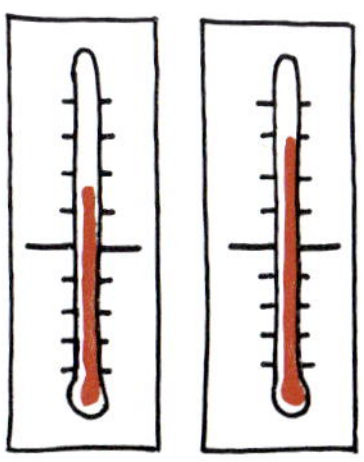

enero *15,7°* *julio* *29,2°*

Vista del pueblo Ojén, en la provincia de Málaga.

Olivares en Iznájar, a orillas del río Genil.

En el siglo XVIII las provincias andaluzas de Jaén, Córdoba y Sevilla buscan agricultores para plantar y cultivar en aquellas tierras viñas, olivos y cereales ...
De varios países centroeuropeos emigran entonces muchas personas a esa zona. Testigos de esa emigración son hoy apellidos como Wall, Herzog, Aufinger en algunos pueblos de Jaén: La Carolina, Guarromán, Santa Elena ...
Aún hoy existe en esos pueblos alguna fábrica de embutidos típicamente alemanes y la costumbre, que apenas se conoce en otros lugares de España, de pintar en Pascua los huevos.
Muchas mujeres de esa región hacen punto «a la alemana», es decir, no con una aguja debajo del brazo como es habitual en España.

Entre Valencia y Andalucía está la Región de **Murcia.** En su interior hay montañas casi desérticas que limitan con Almería, pero las huertas dc la llanura son de las más ricas y exuberantes de España.
En Murcia está el Museo de Salzillo, un famoso escultor de imágenes religiosas que desfilan por las calles durante la Semana Santa.
Uno de los lugares más pintorescos de Murcia es el Mar Menor, una laguna de agua muy salada separada del Mediterráneo por una larga lengua de tierra.

Canal de riego en Mula, Murcia.

C El este de España

(nach Lektion 30)

De los siete mil habitantes de L'Alfàs, un pueblo de la provincia de Alicante, unos cuatro mil no son alicantinos … ni españoles. Son ingleses, noruegos, holandeses, franceses, alemanes …

– ¿Tienen ustedes contacto con los extranjeros?
○ No, apenas. No hablan español ni, por supuesto, valenciano o catalán.
– Pero al menos en los restaurantes, en los negocios …
○ Ni eso. Bueno, algunos sí hablan español, no muchos. Pero todos son amantes de la siesta – el «yoga hispánico» como decimos aquí –, aunque la mayoría come y vive como en Oslo o en Hamburgo.
– ¿Y no celebran fiestas juntos?
○ ¿Sabe una cosa? Los extranjeros han venido aquí porque las aguas y el clima son muy buenos para el reúma. Si queremos diversiones, tanto los extranjeros como nosotros tenemos que ir a Benidorm o a Alicante.
– Usted no está muy contento con la presencia de los extranjeros aquí …
○ Eso no es cierto. Mire, aquí no hay paro y sin los forasteros el pueblo no puede vivir. Y además hay una gran tranquilidad. Esto no es Benidorm, a las diez de la noche todos estamos en casa.

El **País Valenciano** comprende las provincias de Alicante, Castellón y Valencia. En total tiene casi cuatro millones de habitantes. En las costas hay muchos – quizás demasiados – turistas. Los pueblos de la montaña, Morella por ejemplo, no son tan conocidos, aunque muchos son como un sueño para los amantes de la naturaleza. La tierra del País Valenciano es excelente y una gran parte de la población trabaja en el campo. No llueve mucho, pero gracias a modernos sistemas de riego la producción agrícola es económicamente muy importante. En las huertas se cultivan naranjas, limones, mandarinas ... También hay arroz, tomates y pimientos. Y en el mar hay mariscos: gambas, calamares, mejillones ... Son los ingredientes de la famosa paella valenciana.

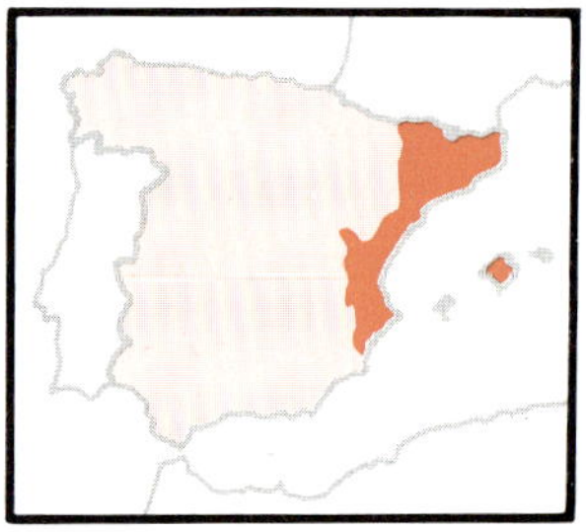

En una encuesta realizada en 1988, los españoles no residentes en **Cataluña** manifiestan su opinión sobre los catalanes.

Usted, ¿qué opina?	Sí	No	«No sé»
1. Cataluña es igual que otras Comunidades Autónomas.	52	36	12
2. Cataluña es más «europea» que el resto de España.	31	52	17
3. Los catalanes son muy hospitalarios.	39	34	28
4. Los catalanes son muy ahorradores.	75	6	19
5. Los catalanes son muy emprendedores.	74	6	20
6. En Cataluña se vive mejor que en el resto de España.	33	40	27
7. Los catalanes son muy serios y cerrados.	66	14	20
8. Cataluña es la región más rica de España.	35	39	26

Capitel del Monasterio de Roda, en Cataluña.

Puente de los siglos XII - XIV sobre el río Fluviá, en Cataluña.

Cataluña ocupa alrededor del 6% del territorio de España, tiene menos del 15% de la población total del país y produce casi el 25% de los productos industriales españoles.
En Cataluña vive y trabaja desde hace bastantes años casi un millón de andaluces. Son personas que todavía hoy, en gran parte, tienen dificultades en autodefinirse: ¿«cataluces» o «andalanes»?

Cuando se recorre Cataluña, llaman la atención no sólo sus variados paisajes, sino también los maravillosos monasterios románicos. Y también las «masías», que muchas veces más parecen palacios de la época del Renacimiento que casas de campesinos.

Las **Islas Baleares** tienen una historia común, pero son muy distintas.
En el oeste de Mallorca hay bastantes montañas. Junto a la elegante capital, Palma, hay en la isla pintorescos puertos de pescadores, olivos centenarios, acantilados en el norte …

Menorca es una isla llana y verde. En el interior hay numerosos monumentos prehistóricos de piedra. Y las dos ciudades más importantes, Mahón y Ciudadela, tienen muchos edificios de los tiempos en que Menorca formaba parte del Imperio Británico.

Ibiza es la isla más salvaje. Son visibles en Ibiza los edificios que recuerdan los tiempos de la dominación árabe. Pero también es visible, desde hace unos cuantos años, la presencia de muchos turistas que no quieren saber nada de la aburrida civilización y que buscan nuevas formas de vida en esta isla.
A unos cuatro kilómetros de Ibiza está Formentera, una isla pequeña y no tan llena de visitantes.

Vista de la Isla de Ibiza

Monumento prehistórico, Menorca

Calle típica de Ibiza

Molino de viento cerca de Palma de Mallorca

D El norte de España

(nach Lektion 37)

Se habla de la «España verde» porque en los numerosos prados, bosques y montañas del norte abunda el color verde en todos sus matices.
El clima del norte de España es suave en general y llueve mucho. La temperatura media de San Sebastián, en agosto, es de 18 grados (en Madrid, en el mismo mes, es de 24 grados). Gracias a la lluvia hay muchos prados con abundante ganado vacuno. Allí se produce casi la mitad de la leche que se consume en España.

El hórreo, almacén de grano construido sobre altos pies de piedra – para aislarlo de la humedad y de los animales – es típico de Asturias y Galicia.

La capital de **Galicia** es Santiago de Compostela, la vieja ciudad románica de los peregrinos. En la costa y en las rías hay mucha pesca. Como Galicia es la principal región pesquera de España, la conserva de pescado es una de sus industrias más importantes. De esta zona han salido millones de emigrantes. Se dice, por ejemplo, que la ciudad gallega más grande es Buenos Aires.

De **Asturias,** en cambio, se habla menos. Vive de la industria metalúrgica, de las minas de carbón …
Hay también grandes cultivos de manzanos. Por eso la bebida regional típica es la sidra. También el turismo es hasta cierto punto importante en las costas y en las montañas.

La vendimia

Cantabria tiene un clima templado en la comarca costera y frío en el interior.
Además de la industria láctea, son importantes en Cantabria los astilleros y las industrias siderúrgica, metalúrgica y química.
En Santander, la capital, está la Universidad Internacional, con interesantes cursos, sobre todo durante los meses de verano.

En **La Rioja,** atravesada por el Camino de Santiago y por el río Ebro, se producen algunos de los mejores vinos de España.

Un paisaje típico de la «España verde»

Cuando fuera de España se habla del **País Vasco** («Euskadi» en vascuence), muchísima gente piensa automáticamente en la ciudad de Guernica o en el terrorismo. Las dos cosas evocan violencia, tragedias humanas, deseo de independencia.
El País Vasco está dividido en una parte española y una parte francesa. La lengua propia de los vascos es el vascuence – o «euskera» –, aunque muchos vascos hablan sólo el castellano o el francés.
Durante varios siglos el gobierno ha dirigido toda la política desde Madrid, la capital, con un estilo centralista. A veces ha habido fuertes tensiones entre el gobierno central y la periferia, especialmente en el País Vasco.

En el País Vasco el desarrollo industrial es muy importante gracias, entre otras cosas, a sus puertos y a las minas de hierro.

También la pesca es un factor importante. En todo el norte hay pintorescos puertos de pescadores.

En Zarauz, muy cerca de San Sebastián.
Dos miembros de la «policía autónoma» del País Vasco.

Navarra – con su capital, Pamplona – es una región muy variada en cuanto a paisaje y clima.
En el sur se encuentran los clásicos cultivos mediterráneos: trigo, olivo, vid ... En las zonas montañosas los pastos son extraordinarios, allí se crían caballos, vacas y ovejas.
El «pacharán», un aguardiente de color rojo y con un cierto sabor a anís, es una especialidad navarra.

Vista del castillo de los reyes de Navarra, en Olite.

Puente romano en Aoíz, Navarra.

Grammatische Fachausdrücke

Adjektiv	*Eigenschaftswort*	adjetivo	(*amarillo* gelb, *trabajador* fleißig)
Adverb	*Umstandswort*	adverbio	(*ahora* jetzt, *de repente* plötzlich)
Akkusativ	*Wenfall*	acusativo	(¿Tienes *un diccionario?* Hast du ein Wörterbuch?)
Akzent		acento	(*aquí* hier, *Málaga*).
Artikel	*Geschlechtswort*	artículo	(*el* bolso die Tasche, *una* revista eine Zeitschrift)
Dativ	*Wemfall*	dativo	(El hijo lleva el periódico *a su madre.* Der Sohn bringt seiner Mutter die Zeitung.)
Deklination	*Beugung des Substantivs, Adjektivs, Pronomens, Zahlworts*	declinación	
Demonstrativpronomen	*hinweisendes Fürwort*	pronombre demostrativo	(*este* dieser hier, *ese* dieser da, *aquel* jener)
Diminutiv	*Verkleinerungsform*	diminutivo	(la *abuelita* Oma, un *momentito* einen kleinen Moment)
Diphthong	*Doppellaut (zwei Vokale, die zusammen nur eine Silbe bilden)*	diptongo	(*ai*re Luft, *hoy* heute, *au*tobús Autobus)
feminin	*weiblich*	femenino	
Finalsatz	*Umstandssatz der Absicht oder des Zwecks*	oración final	(¿Tienes dinero *para comprar el periódico?* Hast du Geld, um die Zeitung zu kaufen?)
Genitiv	*Wesfall*	genitivo	(la bicicleta *de Pedro* Pedros Fahrrad)
Gerundium	*Verlaufsform*	gerundio	(Está *desayunando.* Er frühstückt gerade.)
	Grundzahl	número cardinal	(1, 2, 3, 4, . . .)
	Hilfsverb (dient zur Bildung zusammengesetzter Zeiten)	verbo auxiliar	(*Hemos* aprendido mucho. Wir haben viel gelernt.).
	historische Vergangenheit	indefinido	(*Estuve* en Perú el año pasado. Ich war letztes Jahr in Peru.)
Imperativ	*Befehlsform*	imperativo	(*¡Contesta,* por favor! *¡Di* la verdad! Antworte bitte! Sag die Wahrheit!)

Imperfekt	*Vergangenheitsform*	imperfecto	(Cuando yo *era* pequeño ... Als ich klein war ...)
Indikativ	*Wirklichkeitsform*	indicativo	
Infinitiv	*Grundform des Verbs*	infinitivo	(*cantar* singen)
Intonation	*Satzmelodie*	entonación	
Kausalsatz	*Umstandssatz des Grundes*	oración causal	(No voy *porque no tengo tiempo*. Ich gehe nicht hin, weil ich keine Zeit habe.)
Komparation	*Vergleich*	comparación	(*tan alto como* ... so groß wie ...)
Komparativ	*Vergleichsform, Höherstufe*	comparativo	(Luisa es *más/menos alta que* Pilar. Luisa ist größer/weniger groß als Pilar.)
Konjugation	*Beugung des Zeitworts*	conjugación	
konjugieren	*ein Verb beugen*	conjugar	
Konjunktion	*Bindewort*	conjunción	(*porque* weil)
Konjunktiv	*Möglichkeitsform*	subjuntivo	(¿Quieres que *llame* al médico? Soll ich den Arzt (an)rufen?)
Konsonant	*Mitlaut*	consonante	(b, n, s ...)
maskulin	*männlich*	masculino	
Negation	*Verneinungswort*	negación	(*nada* nichts, *no* nein)
Neutrum	*sächliches Geschlecht*	neutro	(*lo primero* das erste, *lo bueno* das Gute)
Nominativ	*Werfall*	nominativo	(*El agua* está fría. Das Wasser ist kalt.)
	Ordnungszahl	número ordinal	(*primero* erster, *segundo* zweiter ...)
Partizip Perfekt	*Mittelwort der Vergangenheit*	participio perfecto	(*estado* gewesen, *abierto* geöffnet)
Passiv	*Leideform*	voz pasiva	
Perfekt	*vollendete Gegenwart*	perfecto	(*Hemos pasado* un mes en Santiago. Wir haben einen Monat in Santiago verbracht.)
Personalpronomen	*persönliches Fürwort*	pronombre personal	(*él* er, *ella* sie, *usted* Sie)
Plural	*Mehrzahl*	plural	
positiv	*Grundstufe des Adjektivs*	positivo	(*malo* schlecht, *alegre* froh)
Possessivpronomen	*besitzanzeigendes Fürwort*	pronombre posesivo	(*tu* dein, *vuestro* euer)
Präposition	*Verhältniswort*	preposición	(*para* für, *con* mit)
Präsens	*Gegenwart*	presente	(*Tiene* trabajo y *está* contenta. Sie hat Arbeit und ist zufrieden.)

Pronomen	*Fürwort*	pronombre	
reflexives Verb	*rückbezügliches Zeitwort*	verbo reflexivo	(*acostarse* sich ins Bett legen, *despertarse* aufwachen)
Reflexivpronomen	*rückbezügliches Fürwort*	pronombre reflexivo	(No *se* ha lavado ni *se* ha afeitado. Er hat sich weder gewaschen noch rasiert.)
Relativpronomen	*bezügliches Fürwort*	pronombre relativo	(Cuéntame *lo que* ha pasado. Erzähl mir, was geschehen ist.)
Relativsatz	*durch ein Relativpronomen eingeleiteter Gliedsatz*	oración de relativo	(¿Son esos los amigos *de los que has hablado?* Sind das die Freunde, von denen du gesprochen hast?)
Silbe	*Sprecheinheit (ein oder mehrere Laute, die zusammen gesprochen werden)*	sílaba	(*Es-pa-ña* Spanien, *a-cos-tar-se* sich ins Bett legen)
Singular	*Einzahl*	singular	
Stamm	*Grundform des Verbs (ohne die Endung -ar, -er oder -ir)*	raíz	
Subjekt	*Satzgegenstand*	sujeto	(*El niño* juega. Das Kind spielt.)
Substantiv	*Hauptwort*	sustantivo	(la *casa* das Haus)
Superlativ	*Höchststufe, Meiststufe*	superlativo	(*muy elegante, elegantísimo* sehr elegant, *la* corbata *más elegante* die eleganteste Krawatte)
Temporalsatz	*Umstandssatz der Zeit*	oración temporal	(Escríbenos *cuando llegues a Hamburgo*. Schreib uns, sobald du in Hamburg bist.)
unbestimmtes Pronomen	*unbestimmtes Fürwort*	pronombre indefinido	(*alguien* jemand)
unpersönliches Verb	*Zeitwort ohne persönliches Subjekt*	verbo impersonal	(*Llueve* o *nieva*. Es regnet oder es schneit.)
Verb	*Zeitwort, Tätigkeitswort*	verbo	(*trabajar* arbeiten, *entender* verstehen)
Vokal	*Selbstlaut*	vocal	(a, e, i, o, u).

Solución
(Lección 28, pág. 64 – **Adivinanza)**

el árbol = el año
las ramas = los meses
los nidos = las estaciones del año
los pájaros = los días de la semana

ESO SÍ I – Grammatik

Artikel (El artículo) §§ 1 – 7

1 Bestimmter und unbestimmter Artikel

	Singular		**Plural**	
	maskulin	*feminin*		
Bestimmte Form	**el** bolso	**la** revista	**los** bolsos	**las** revistas
	die Tasche	die Zeitschrift	die Taschen	die Zeitschriften
Unbestimmte Form	**un** bolso	**una** revista	**unos*** bolsos	**unas** revistas
	eine Tasche	eine Zeitschrift	einige Taschen	einige Zeitschriften

* **Unos, unas** = einige, ein paar: **unos** amigos einige Freunde; **unos** 14 millones de habitantes ca. 14 Millionen Einwohner (§ 20). Ausnahme: Substantive, die nur im Plural gebraucht werden (§ 11).

2 lo bueno

lo bueno	a **lo** mejor	a **lo** lejos	**lo** que
das Gute	möglicherweise	in der Ferne	das, was

- Nur in Verbindung mit Adjektiven, Adverbien, Pronomen (und Ordnungszahlen: **lo** primero das erste) wird **lo** im Spanischen verwendet.

3 uno

A la derecha hay dos coches, **uno** grande y **uno** pequeño. – ¿Tienes muchos amigos? – No, sólo tengo **uno.**	Rechts stehen zwei Autos, ein großes und ein kleines. – Hast du viele Freunde? – Nein, ich habe nur einen.

- Steht der unbestimmte Artikel vor einem Adjektiv (ohne Substantiv) oder allein, so wird im Sing. maskulin **uno** gebraucht (s. auch § 20).

4 al, del

Voy **al** cine.	Ich gehe ins Kino.
Juan va **del** teatro **al** hotel.	Juan geht vom Theater zum Hotel.

- a + el = **al**
- de + el = **del**

5 Gebrauch des bestimmten Artikels

A Vor Titeln und Anreden

El señor Mack va a la pensión.	Herr Mack geht zur Pension.
La señorita Gómez trabaja allí.	Fräulein Gómez arbeitet dort.
El doctor Alonso es un oculista famoso.	Doktor Alonso ist ein berühmter Augenarzt.

Don Julián es el dueño de la librería.	Julián ist der Besitzer der Buchhandlung.
Buenos días, señora.	Guten Morgen, (Frau ...).
Puerta número uno, señor.	Tür (Ausgang) Nummer eins, (mein Herr).

- Vor «señor», «señora», «señorita» und vor Titeln steht im Spanischen – im Gegensatz zum Deutschen – immer der bestimmte Artikel.
- Ausnahmen: bei der Anrede und vor «don», «doña».

B Vor Länder- und Städtenamen

España limita con Francia, Andorra y Portugal.	Spanien grenzt an Frankreich, Andorra und Portugal.
Madrid es la capital de España.	Madrid ist die Hauptstadt Spaniens.
(**El**) Perú está en América del Sur.	Peru liegt in Südamerika.
(**La**) Argentina limita con (**el**) Uruguay.	Argentinien grenzt an Uruguay.
La Habana es la capital de Cuba y **La** Paz es la capital de Bolivia.	Havanna ist die Hauptstadt Kubas und La Paz ist die Hauptstadt von Bolivien.
España. **La** España verde.	Spanien. Das grüne Spanien.
Suiza. **La** Suiza turística.	Schweiz. Die touristische Schweiz.

- Die meisten Länder- und Städtenamen werden ohne Artikel gebraucht.
- Bei einigen Ländernamen kann der bestimmte Artikel stehen.
- Einige Städtenamen werden immer mit Artikel gebraucht.
- Steht ein Adjektiv bei einem Länder- oder Städtenamen, so wird immer der bestimmte Artikel gebraucht.

6 Besondere Fälle mit bestimmtem Artikel

A	**El** sábado vamos a Toledo. (Hoy es martes.)	Am Samstag fahren wir nach Toledo. (Heute ist Dienstag.)
B	Me gusta más **el** té que **el** café.	Ich trinke (mag) lieber Tee als Kaffee.
C	Empiezo a **las** nueve.	Ich fange um neun Uhr an.
D	Ignacio tiene **los** ojos verdes.	Ignacio hat grüne Augen.
E	Pedro juega **al** fútbol. – ¿Jugamos **al** ajedrez? Ruth toca muy bien **la** guitarra.	Pedro spielt Fußball. – Spielen wir Schach? Ruth spielt sehr gut Gitarre.
F	**El** Real Madrid es un equipo muy famoso.	Real Madrid ist eine sehr berühmte Mannschaft.
G	La Meseta ocupa **el** 40% del territorio español.	Die Hochebene nimmt 40% von Spanien ein.
H	La lengua oficial de Andorra es **el** catalán. – ¿Hablas español? – Hablo bastante bien (**el**) español y (**el**) francés.	Die Amtssprache Andorras ist Katalanisch. – Sprichst du Spanisch? – Ich spreche ziemlich gut Spanisch und Französisch.
I	**El** año pasado nevó poco. **La** semana próxima no tenemos clase.	Voriges Jahr hat es sehr wenig geschneit. Nächste Woche haben wir keinen Unterricht.

- Der bestimmte Artikel steht im Spanischen bei
  - **A** Wochentagen (außer nach dem Verb «ser»)
  - **B** Substantiven in allgemeiner Bedeutung
  - **C** Uhrzeiten
  - **D** Körperteilen (nach dem Verb «tener»)
  - **E** Sport, Spiel, Instrumenten
  - **F** Namen von Sportmannschaften
  - **G** Prozentangaben (fast immer)
  - **H** Namen von Sprachen (meistens)
  - **I** bestimmten Zeitangaben

7 Besondere Fälle ohne Artikel

A	Este año enero ha sido muy frío. ¿Tú también tomas las vacaciones en julio?	Dieses Jahr ist der Januar sehr kalt gewesen. Nimmst du auch Urlaub im Juli?
B	– ¿Cómo vas? ¿En coche? – No, es más cómodo en tren. (– ¿Vamos en el coche de tu hermano?)	– Wie fährst du hin? Mit dem Auto? – Nein, mit dem Zug ist es bequemer. (– Fahren wir mit dem Auto deines Bruders?)
C	Clara busca otro trabajo. Pero hombre, ¡otro cigarrillo! La ciudad tiene medio millón de habitantes. Voy a estar aquí medio año.	Clara sucht eine andere Arbeit. Mensch, noch eine Zigarette! Die Stadt hat eine halbe Million Einwohner. Ich werde ein halbes Jahr hier bleiben.

- Bestimmter Artikel steht in der Regel nicht vor
  A Monatsnamen
  B «en» + nicht näher bestimmten Verkehrsmitteln
- Unbestimmter Artikel steht nie vor
  C «otro» und «medio»

Substantiv (El sustantivo) §§ 8 – 14

8 Singular

A el bolso – la carta

maskulin		*feminin*	
el bols**o**	die Tasche	la cart**a**	der Brief
el chocolat**e**	die Schokolade	la puert**a**	die Tür
el hombr**e**	der Mann/Mensch	la llav**e**	der Schlüssel
el coch**e**	das Auto	la call**e**	die Straße
el hote**l**	das Hotel	la ciuda**d**	die Stadt

- Im Spanischen sind alle Substantive entweder maskulin oder feminin.
- Maskulin sind in der Regel die, die auf -**o** enden.
- Substantive mit der Endung -**a** sind in der Regel feminin.
- Es gibt keine Regel für Substantive, die auf -**e** oder Konsonant enden.

B Einige Ausnahmen

la radio	das Radio	el día	der Tag	el programa	das Programm
la mano	die Hand	el clima	das Klima	el sistema	das System
la foto	das Foto	el mapa	die Landkarte	el problema	das Problem
la moto	das Motorrad			el telegrama	das Telegramm

- La radio, el día, el programa … sind Ausnahmen.
- Bis vor einigen Jahren hat man zahlreiche Berufsbezeichnungen, die auf -**o** enden, für beide Geschlechter verwendet. Heute benutzt man oft médic**o**, médic**a** Arzt, Ärztin, mecánic**o**, mecánic**a** Mechaniker/in, arquitect**o**, arquitect**a** Architekt/in …
- Berufsbezeichnungen, die auf -**ista** enden, gelten für beide Geschlechter: el/la art**ista** Künstler/in, el/la ofici**nista** Büroangestellte/r; ebenfalls: el/la tur**ista** Tourist/in …
- Trotz gleicher Endung haben manche Substantive, je nachdem ob sie weiblich oder männlich sind, unterschiedliche Bedeutung: **el**/**la** joven der junge Mann, die junge Frau, **el**/**la** guía Fremdenführer/in («**la** guía» bedeutet auch „Reiseführer“ = Buch), **el**/**la** amante Geliebte/r …

C Besonderheiten

Conozco **el** Rin, pero no **el** Danubio.	Ich kenne den Rhein, aber nicht die Donau.
¿Has comprado **el** «ABC» o **el** «Ya»? («**La** Nación» se publica en Buenos Aires.)	Hast du «ABC» oder «Ya» gekauft? («La Nación» erscheint in Buenos Aires.)
La España del norte es poco conocida. ¿Conoces bien **el** Madrid de los Austrias? **Los** Estados Unidos. **Los** Países Bajos.	Nordspanien ist wenig bekannt. Kennst du das Madrid der Habsburger gut? Die Vereinigten Staaten. Die Niederlande.
El siete es el número de la suerte.	Die sieben ist die Glückszahl.
La «ñ» y **la** «ll» son consonantes en español.	«Ñ» und «ll» sind im Spanischen Konsonanten.
Tengo **un** hambre terrible ... **El** agua está demasiado fría para bañarse. **Las** aguas jurisdiccionales de México.	Ich habe einen fürchterlichen Hunger. Das Wasser ist zu kalt, um zu schwimmen. Die Hohheitsgewässer Mexikos.

- Flüsse sind im Spanischen maskulin.
- Die meisten Zeitungsnamen sind maskulin.
- Länder- und Städtenamen auf **-a** sind feminin.
  Die meisten anderen sind maskulin.
- Buchstaben sind feminin.
- Alle weiblichen Substantive, die mit betontem «a» oder «ha» beginnen, verlangen im Singular den Artikel «el» bzw. «un».

9 Plural

A los bolsos – las cartas

maskulin		*feminin*	
los bolso**s**	die Taschen	las carta**s**	die Briefe
los hombre**s**	die Männer	las llave**s**	die Schlüssel
los coche**s**	die Autos	las calle**s**	die Straßen
los hotel**es**	die Hotels	las ciudad**es**	die Städte

- Der Plural der Substantive wird in der Regel durch Anhängen von **-s** gebildet.
- Substantive, die auf Konsonant enden, bilden den Plural auf **-es.**
  (el autobús Autobus los auto**buses**, el camión Lastwagen los cam**iones**, la pensión Pension las pensi**ones** haben im Plural keinen Akzent mehr – s. auch § 145).

B Familiennamen

Los Pascual están en Suiza, pero los Lobo han ido a Andalucía.	Familie Pascual ist in der Schweiz, aber das Ehepaar Lobo ist nach Andalusien gefahren.

- Familiennamen haben im Spanischen keine Pluralendung.

C Substantive auf -es

Los martes vamos al cine, pero los viernes estamos siempre en casa.	Dienstags gehen wir ins Kino, aber freitags sind wir immer zu Hause.

- Substantive, die nach unbetontem Vokal auf **-s** enden, sind im Singular und Plural gleich.

10 Unterschiedliche Bedeutung im Singular und im Plural

el hermano	Bruder	los hermanos	Geschwister (Brüder)
el padre	Vater	los padres	Eltern (Väter)
el papá	Papa	los papás	Eltern (Väter)
el hijo	Sohn	los hijos	Kinder (Söhne)
el abuelo	Großvater	los abuelos	Großeltern (Großväter)
el tío	Onkel	los tíos	Onkel und Tante (Onkel)
el señor	Herr	los señores	Herr und Frau (Herren)
el novio	fester Freund	los novios	Brautpaar (feste Freunde)

- Der männliche Plural hat in einigen Fällen eine zusätzliche Bedeutung.

11 Substantive mit nur Pluralform

las gafas	Brille	los alrededores	Umgebung
las afueras	Außenbezirke	las vacaciones	Urlaub, Ferien

- Manche Substantive haben nur Pluralform.

12 Genitiv (El genitivo)

A La bicicleta de Pedro

la bicicleta **de** Pedro	Pedros Fahrrad
el coche **de la** señora Blanco	Frau Blancos Wagen
el pasaporte **del** señor Mack	der Paß von Herrn Mack
las fotos **de las** chicas	die Fotos der Mädchen
los libros **de los** chicos	die Bücher der Jungen

- Besitz und Zugehörigkeit werden immer mit **de** ausgedrückt (de + el = **del**).

B El centro del país

el día **de** mi santo	mein Namenstag
en el centro **del** país	im Landesinnern
unas fotos **de la** familia	einige Familienfotos

- Zusammengesetzte Substantive gibt es im Spanischen selten: el coche-cama Schlafwagen (Plural = los coches-cama). Man verwendet statt dessen sehr oft die Präposition **de**.

13 Maß, Menge, Anzahl

dos kilos **de** patatas	zwei Kilo Kartoffeln
un cuarto **de** kilo	ein halbes Pfund
una botella **de** vino	eine Flasche Wein
un grupo **de** personas	eine Gruppe von Personen
un paquete **de** cigarrillos	eine Schachtel Zigaretten
cuatro millones **de** habitantes	vier Millionen Einwohner

- Nach Substantiven, die Maß, Menge, Anzahl bezeichnen, steht die Präposition **de**.
  (Weitere Fälle mit der Präposition «de»: s. § 136–137.)
  (Akkusativ mit der Präposition «a»: s. § 135.)

14 Verkleinerungsformen (Los diminutivos)

Querida abuel**ita:**	Liebe Oma:
Un moment**ito**, por favor.	Einen kleinen Moment, bitte.
Tengo un libr**ito** sobre ese tema.	Ich habe ein kleines Buch über dieses Thema.
Carmenc**ita**. Carl**itos**.	(Kleine) Carmen. (Kleiner) Carlos.

- Die Endung **-ito** ist die häufigste Verkleinerungsform im Spanischen. (Weitere Formen: **-ico**, **-cico**, **-illo**, **-cillo**...) Die Verkleinerungsformen drücken häufig Anhänglichkeit oder Sympathie aus.

Adjektiv (El adjetivo) §§ 15 – 19

15 Singular

A **blanco, blanca**

maskulin		*feminin*	
un autobús amarill**o**	ein gelber Autobus	una camisa amarill**a**	ein gelbes Hemd
un hombre simpátic**o**	ein freundlicher Mann	una chica simpátic**a**	ein freundliches Mädchen

- Adjektive richten sich immer nach dem Substantiv.
- Der männlichen Endung **-o** entspricht die weibliche Endung **-a**.

B **Nationalitätsadjektive**
Adjektive auf -án, -ón, -ín, -or

maskulin		*feminin*	
un amigo español	ein spanischer Freund	una novia español**a**	eine spanische Freundin
un músico catalán	ein katalanischer Musiker	una pintora catal**ana**	eine katalanische Malerin
un turista inglés	ein englischer Tourist	una turista ingl**esa**	eine englische Touristin
un chico trabajador	ein fleißiger Junge	una chica trabajador**a**	ein fleißiges Mädchen
un hombre holgazán	ein fauler Mann	una persona holgaz**ana**	eine faule Person

- Die weibliche Form der Nationalitäts- und Städteadjektive hat fast immer die Endung **-a** (Akzent entfällt dann!).
- Adjektive auf **-án**, **-ón**, **-ín**, **-or** bilden die weibliche Form auf **-a** (Akzent entfällt!).

C **Besonderheiten**

maskulin		*feminin*	
un coche grand**e**	ein großes Auto	una casa grand**e**	ein großes Haus
un libro interesant**e**	ein interessantes Buch	un novela interesant**e**	ein interessanter Roman
un jersey azu**l**	ein blauer Pullover	una falda azu**l**	ein blauer Rock
un caso individua**l**	ein Einzelfall	una habitación individua**l**	ein Einzelzimmer

- Die weibliche und männliche Form der Adjektive auf **-e** ist identisch.
- Alle übrigen Adjektive, die auf Konsonant enden, sind in der weiblichen und männlichen Form gleich. (Die Endung **-ista** ändert sich nie: naciona**lista** nationalistisch ...)

16 Plural

maskulin	*feminin*
los chicos simpáticos Los señores son españoles. los coches grandes los jerseys azules	las chicas simpáticas Las señoras son españolas. las casas grandes las faldas azules

- Adjektive bilden den Plural wie die Substantive:
  Adjektive, die auf Vokal enden, haben die Pluralendung -**s**.
  Adjektive, die auf Konsonant enden, haben die Pluralendung -**es**.
- Diese Regeln gelten auch für die Nationaladjektive.
- Steht ein Adjektiv vor einem männlichen und einem weiblichen Substantiv, so verwendet man immer die männliche Form: Querid**os** Diana y Gerardo Liebe Diana, lieber Gerhard; Querid**os** amigos y amigas Liebe Freunde.

17 Stellung des Adjektivs

A **el coche negro**

El coche negro es de un profesor francés.	Das schwarze Auto gehört einem französischen Lehrer.

- Das Adjektiv steht im allgemeinen hinter dem Substantiv.

B **graves problemas**

Luis y Ramón buscan un nuevo trabajo. La industria tiene graves problemas.	Luis und Ramón suchen eine neue Arbeit. Die Industrie hat schwerwiegende Probleme.

- Einige Adjektive stehen manchmal vor dem Substantiv (z. B. wenn sie besonders betont oder im übertragenen Sinne verwendet werden).

C **buen(o), mal(o)**

una buena pensión Hace buen tiempo. Hace muy mal tiempo. He tenido un mal día. (He tenido un día malo.)	eine gute Pension Es ist schönes Wetter. Es ist sehr schlechtes Wetter. Ich habe einen schlechten Tag gehabt.

- **Bueno** und **malo** stehen oft vor dem Substantiv und verlieren dann im Singular (maskulin) die Endung -**o**.

D **gran(de)**

una gran parte de la población Esto es un gran problema.	ein großer Teil der Bevölkerung Das ist ein großes Problem.

- Wenn das Adjektiv **grande** vor dem Substantiv steht, verliert es im Singular (maskulin und feminin) die Silbe -**de**.

18 Steigerung (Comparativo y Superlativo)

A Regelmäßige Formen

	Positiv	*Komparativ*	*Superlativ*	
Mask. Sing.	alto	más alto	el más alto	el edifico más moderno
	hoch	höher	der höchste	das modernste Gebäude
Fem. Sing.	alta	más alta	la más alta	la casa más conocida
				das bekannteste Haus
Mask. Plural	altos	más altos	los más altos	los árboles más viejos
				die ältesten Bäume
Fem. Plural	altas	más altas	las más altas	las montañas más conocidas
				die bekanntesten Berge

- Komparativ (Vergleichsform) wird gebildet aus **más + Adjektiv.**
- Superlativ (Höchststufe) wird gebildet aus **el (la, lo, las, los) más + Adjektiv.**

B bueno – malo – pequeño – grande

bueno	gut, lieb	mejor, más bueno	besser, lieber	el/la mejor, el más bueno	der/die beste, liebste
malo	schlecht, böse	peor, más malo	schlechter, böser	el/la peor, el más malo	der/die schlechteste, böseste
pequeño	klein	menor, más pequeño	kleiner, jünger	el/la menor, el más pequeño	der/die kleinste, jüngste
grande	groß	mayor, más grande	größer, älter	el/la mayor, el más grande	der/die größte, älteste

- Diese vier Adjektive haben sowohl regelmäßige als auch unregelmäßige Komparativ- und Superlativformen.
- **Menor** und **mayor** bezeichnen auch das Alter.

C ¡Qué postal tan bonita!

¡Qué cielo tan azul!	Was für ein blauer Himmel!
¡Qué idea más rara!	Was für eine seltsame Idee!
¡Qué vida tan dura!	Was für ein hartes Leben!

- Bei Ausrufen wird oft **qué … tan/más …** verwendet.

D elegantísimo

Este barrio es elegantísimo.	Dieses Viertel ist außerordentlich elegant.
Muchísimas gracias.	Besten Dank.
Este mes he trabajado muchísimo.	Diesen Monat habe ich sehr viel gearbeitet.

- Den höchsten Grad einer Eigenschaft kann man mit *muy* + Adjektiv (muy elegante sehr elegant) oder mit der Endung **-ísimo** ausdrücken.

19 Vergleich

Nostros trabajamos **más que** vosotros.	Wir arbeiten mehr als ihr.
Las chicas ganan **menos que** los chicos.	Die Mädchen verdienen weniger als die Jungen.
Madrid tiene **más de** cuatro millones de habitantes.	Madrid hat mehr als vier Millionen Einwohner.
Carlos no tiene **más que** cien pesetas.	Carlos hat nur hundert Peseten.
Él no es **tan** inteligente **como** yo creía.	Er ist nicht so intelligent, wie ich dachte.
Yo no he leído **tanto como** Cristina.	Ich habe nicht so viel gelesen wie Cristina.
Nadie tiene **tantos** amigos **como** tú.	Niemand hat so viele Freunde wie du.

- „mehr/weniger als" = **más/menos que.**
- Vor Zahlen heißt „mehr/weniger als" **más/menos de.**
  Beachte: „nur" vor Zahlen = **no más que.**
- „so ... wie" = **tan ... como.**
  „so viel ... wie" = **tanto como.**
  „so viel(e) ... wie" = **tanto (tanta, tantos, tantas) ... como.**
- „mehr als" („schöner als" usw.) vor Sätzen = **más (bonito) de lo que** = Es mejor/más barato **de lo que** yo creía. Es ist besser/billiger, als ich dachte.

Zahlwörter (Los Numerales) §§ 20 - 23

20 Grundzahlen (Números cardinales)

0	cero	18	dieciocho	100	cien (ciento)
1	uno (un), una	19	diecinueve	101	ciento uno (un, una)
2	dos	20	veinte	150	ciento cincuenta
3	tres	21	veintiuno (veintiún, veintiuna)	200	doscientos (-as)
4	cuatro	22	veintidós	300	trescientos (-as)
5	cinco	23	veintitrés	400	cuatrocientos (-as)
6	seis	24	veinticuatro	500	quinientos (-as)
7	siete	25	veinticinco	600	seiscientos (-as)
8	ocho	26	veintiséis	700	setecientos (-as)
9	nueve	30	treinta	800	ochocientos (-as)
10	diez	31	treinta y uno (un, una)	900	novecientos (-as)
11	once	32	treinta y dos	1000	mil
12	doce	40	cuarenta	1150	mil ciento cincuenta
13	trece	50	cincuenta	2000	dos mil
14	catorce	60	sesenta	100.000	cien mil
15	quince	70	setenta	1.000.000	un millón
16	dieciséis	80	ochenta	2.000.000	dos millones
17	diecisiete	90	noventa	1.000.000.000	mil millones

- **uno** = **un** vor männlichen Substantiven: **un** libro, **veintiún** libros (**veintiuna** pesetas).
- **unos** cincuenta discos etwa 50 Schallplatten, **unas** siete amigas ungefähr 7 Freundinnen (s. auch § 1).
- **ciento** = **cien** vor «mil», «millones» und vor jedem Substantiv: **cien** marcos/pesetas; **cien** millones de mexicanos hundert Millionen Mexikaner.
  Die alleinstehende Zahl 100 heißt meistens **cien** (aber auch **ciento** ist möglich).
  ¿Cuántos discos tienes? (Tengo) **cien**, más o menos. Wie viele Schallplatten hast Du? (Ich habe) ungefähr hundert.

- Die Hunderter zwischen 200 und 900 sind veränderlich, je nachdem, ob das dazugehörende Substantiv männlich oder weiblich ist: **doscientas** estudiantes 200 Studentinnen, **novecientos** cincuenta marcos 950 Mark.
- Zwischen dem Wort **millón** und dem dazugehörenden Substantiv steht immer **de** (s. § 13): doce millones **de** habitantes zwölf Millionen Einwohner.
(Beachte: «quince días» = „14 Tage“: Tengo 15 días de vacaciones. Ich habe zwei Wochen Urlaub.)

21 Uhrzeit (La hora)

– ¿**A qué hora** empezáis hoy?	Um wieviel Uhr fangt ihr heute an?
– Empezamos **a las nueve** (de la mañana).	Wir fangen um neun Uhr (morgens) an.
Mañana trabajaré **hasta las 11** de la noche.	Morgen werde ich bis elf Uhr nachts arbeiten.
¿Qué hora es?	Wie spät ist es?
Es la una. – Son las dos.	Es ist ein Uhr. – Es ist zwei Uhr.
Son las seis y media.	Es ist halb sieben.
Es la una y cuarto. Es la una menos cuarto.	Es ist Viertel nach eins. Es ist Viertel vor eins.
Son las ocho y diez.	Es ist zehn (Minuten) nach acht.
Son las ocho menos diez.	Es ist zehn vor acht.
Son las cinco y veinticinco.	Es ist fünf vor halb sechs.
Son las doce en punto.	Es ist genau zwölf Uhr.
Ya son las diez y pico.	Es ist schon nach zehn.
Nos vemos a eso de las dos.	Wir sehen uns gegen zwei Uhr.

22 Datum und Jahreszahl (Fecha y año)

A

¿Qué fecha/día es hoy?	Welches Datum haben wir heute?
Es el dos de noviembre.	(Wir haben) den zweiten November.
Es el uno/el primero de noviembre.	(Wir haben) den ersten November.
Es el quince de enero de 1990 (15-1-1990)	(Wir haben) den 15. Januar 1990.

- Das Datum wird im Spanischen mit Grundzahlen ausgedrückt.
Für den ersten Tag des Monats wird auch – vor allem in Lateinamerika – die Ordnungszahl **primero** verwendet.
(Beachten Sie den Gebrauch von «**de**» vor dem Monat und vor der Jahreszahl.)

B

¿A cuántos estamos hoy?	Den wievielten haben wir heute?
Estamos a siete de julio.	Heute haben wir den 7. Juli.

- Wird das Datum mit «**estar**» ausgedrückt, so steht vor der Zahl kein Artikel.

C

1990 = mil novecientos noventa	1990
En el siglo XVI/XX (dieciséis/veinte).	Im 16./20. Jahrhundert.

- Für die Angabe des Jahrhunderts werden Grundzahlen verwendet.

D

Málaga, 10 (diez) de octubre de 1989.	Málaga, den 10. Oktober 1989.
Lima, 15 (quince) de enero de 1990.	Lima, den 15. Januar 1990.

- Auch für das Datum im Brief benutzt man Grundzahlen.
(Für die Angaben des Alters im Spanischen s. § 61.)

23 Ordnungszahlen (Números ordinales)

1° primero (primer), primera	6° sexto, -a	11° undécimo, -a
2° segundo, -a	7° séptimo, -a	12° duodécimo, -a
3° tercero, (tercer), tercera	8° octavo, -a	13° decimotercer(o), -a
4° cuarto, -a	9° noveno, -a	14° decimocuarto, –a
5° quinto, -a	10° décimo, -a	15° decimoquinto, -a

Luis vive en el **primer** piso y yo vivo en el **tercero**, izquierda.	Luis wohnt in der ersten Etage und ich in der dritten Etage links.
Es el **tercer** coche que tengo.	Das ist mein dritter Wagen.
Es la **tercera** vez que llama.	Er ruft schon zum drittenmal an.
Carlos V (quinto) – Alfonso XIII (trece)	Karl V. – Alfons XIII.
Juan Carlos I (primero)	Juan Carlos I.

- **Primero** und **tercero** werden vor einem männlichen Substantiv zu **primer, tercer.**
- Ab 11. werden in der Regel Grundzahlen statt Ordnungszahlen verwendet.

Verb (El verbo) §§ 24 – 98

Je nach der Endung (**-ar**, **-er**, **-ir**) werden die spanischen Verben in drei Gruppen eingeteilt.

Präsens Indikativ (El presente del indicativo)

		24 -ar **trabajar** arbeiten	25 -er **beber** trinken	26 -ir **escribir** schreiben
Sing.	1 yo	trabạjo	bẹbo	escrịbo
	2 tú	trabạjas	bẹbes	escrịbes
	3 él, ella, usted	trabạja	bẹbe	escrịbe
Pl.	1 nosotros, nosotras	trabajạmos	bebẹmos	escribịmos
	2 vosotros, vosotras	trabajạ́is	bebẹ́is	escribị́s
	3 ellos, ellas, ustedes	trabạjan	bẹben	escrịben

- Die Punkte unter bestimmten Vokalen weisen auf die Betonung hin.
- Das Personalpronomen wird im Spanischen kaum gebraucht (s. § 103).
- Weitere regelmäßige Verben:

buscar	suchen	comer	essen	recibir	bekommen, empfangen
entrar	hinein-, hereingehen	correr	rennen		
ganar	verdienen, gewinnen	creer	glauben	subir	hinaufgehen, heraufkommen
hablar	sprechen	leer	lesen		
llevar	hinbringen, tragen	vender	verkaufen	vivir	leben, wohnen

Verben mit Diphthong e → ie

27 -ar
pensar denken

pienso	pensamos	pierdo	perdemos	siento	sentimos
piensas	pensáis	pierdes	perdéis	sientes	sentís
piensa	piensan	pierde	pierden	siente	sienten

28 -er
perder verlieren

29 -ir
sentir fühlen, bedauern

- Der Vokal **e** wird zu **ie** im Singular und in der 3. Person Plural (stammbetonte Formen).
- Weitere Verben dieser Gruppe:

cerrar	schließen	entender	verstehen	preferir	vorziehen
despertarse	aufwachen	querer	wollen, lieben	venir	kommen
empezar	beginnen	tener	haben, besitzen	(vengo: ich komme: § 96)	
sentarse	sich setzen	(tengo: ich habe: § 94)			

(«decir»: s. § 80)

Verben mit Diphthong o → ue

30 -ar
almorzar zu Mittag essen

31 -er
volver zurückkommen, wiederkommen

32 -ir
dormir schlafen

almuerzo	almorzamos	vuelvo	volvemos	duermo	dormimos
almuerzas	almorzáis	vuelves	volvéis	duermes	dormís
almuerza	almuerzan	vuelve	vuelven	duerme	duermen

- Der Vokal **o** wird zu **ue** im Singular und in der 3. Person Plural (stammbetonte Formen).
- Weitere Verben dieser Gruppe:

acordarse	sich erinnern	doler	weh tun	morir(se)	sterben
acostarse	sich ins Bett legen	llover: llueve	es regnet		
contar	zählen, erzählen	poder	können, dürfen		
encontrar	finden				

33 Verb mit Diphthong u → ue

jugar spielen: juego, juegas, juega, jugamos, jugáis, juegan.

34 ir a + Infinitiv

voy a leer	ich werde lesen	vamos a leer	wir werden lesen
vas a leer	*usw.*	vais a leer	*usw.*
va a leer		van a leer	

Vamos a alquilar un coche.	Wir werden ein Auto mieten.
Voy a estar medio año en México.	Ich werde ein halbes Jahr in Mexiko bleiben.
Creo que **va a llover.**	Ich glaube, es wird regnen.
Mis hermanos **van a preparar** la cena.	Meine Geschwister werden das Abendessen zubereiten.

- Eine Handlung, die in der nahen Zukunft stattfinden soll, drückt man im Spanischen häufig aus durch: eine Präsensform von **ir** + **a** + Infinitiv.

Perfekt Indikativ (El perfecto de indicativo)

35 **-ar** | 36 **-er** | 37 **-ir**

he hablado	ich habe gesprochen	he comido	ich habe gegessen	he vivido	ich habe gelebt
has hablado	*usw.*	has comido	*usw.*	has vivido	*usw.*
ha hablado		ha comido		ha vivido	
hemos hablado		hemos comido		hemos vivido	
habéis hablado		habéis comido		habéis vivido	
han hablado		han comido		han vivido	

¿**Habéis estado** alguna vez en Asturias?	Seid ihr irgendwann einmal in Asturien gewesen?
¿Cuántas lenguas **has estudiado**?	Wie viele Sprachen hast du gelernt?
Hemos pasado dos meses en Santander.	Wir haben zwei Monate in Santander verbracht.
He estado dos veces en Alemania.	Ich bin zweimal in Deutschland gewesen.
La agencia **ha publicado** un anuncio en el periódico.	Die Agentur hat eine Anzeige in der Zeitung veröffentlicht.
Karin **ha ido** a la agencia de viajes.	Karin ist ins Reisebüro gegangen.

- Das Perfekt bildet man mit einer Präsensform von «haber» (§ 83) und dem Partizip Perfekt des Hauptverbs.
- Das Partizip Perfekt wird bei den regelmäßigen Verben mit den Endungen **-ado** (Verben auf **-ar**) oder **-ido** (Verben auf **-er**, **-ir**) gebildet.
- Das Perfekt wird vor allem für Handlungen in der Vergangenheit gebraucht, die aber in Verbindung zur Gegenwart stehen.

38 Einige unregelmäßige Partizipien

abrir	**abierto**	escribir	**escrito**	poner	**puesto**	ver	**visto**
decir	**dicho**	hacer	**hecho**	romper	**roto**	volver	**vuelto**

39 acabar de + Infinitiv

El jefe **acaba de salir.**	Der Chef ist gerade weggegangen.
Acabo de empezar la carta.	Ich habe gerade den Brief begonnen.
Acabamos de comprar un coche español.	Wir haben gerade ein spanisches Auto gekauft.

- Die deutsche Wendung „gerade etwas getan haben" wird sehr häufig mit Präsens von **acabar + de +** Infinitiv wiedergegeben.

Historische Vergangenheit (El indefinido)

40 **-ar** **hablar** | 41 **-er** **comer** | 42 **-ir** **vivir**

hablé	ich sprach	comí	ich aß	viví	ich lebte
hablaste	*usw.*	comiste	*usw.*	viviste	*usw.*
habló		comió		vivió	
hablamos		comimos		vivimos	
hablasteis		comisteis		vivisteis	
hablaron		comieron		vivieron	

- Die Punkte weisen auf die Betonung hin.

43 Unregelmäßiges «Indefinido»

decir	dije	hacer	hice	ser	fui	poner	puse
estar	estuve	ir	fui	poder	pude	tener	tuve

- Bei zahlreichen häufig gebrauchten Verben ist das Indefinido unregelmäßig (s. §§ 77–98)

44 Gebrauch des «Indefinido»

A	¿A qué hora **llegaste** ayer a casa?	Um wieviel Uhr kamst du gestern nach Hause?
	Tan tarde no **llegué** ... A eso de las dos.	So spät kam ich nicht. Gegen zwei Uhr.
	Julián **volvió** de Berlín la semana pasada.	Julián kam letzte Woche aus Berlin zurück.
	Estuve en Perú con mis padres el año pasado.	Ich war voriges Jahr mit meinen Eltern in Peru.
	¿Dónde **estuviste?** ¿Sólo en Lima?	Wo warst du? Nur in Lima?
	Lamentablemente no **pude** quedarme muchos días allí.	Leider konnte ich nicht lange dort bleiben.
	El profesor **pasó** unos días en un poblado indígena.	Der Lehrer verbrachte einige Tage in einem Eingeborenendorf.
B	Miguel estaba preparando la comida cuando **llegó** su amigo Luis y le **preguntó** si podían ir juntos al cine.	Miguel machte gerade das Essen, als sein Freund Luis kam und ihn fragte, ob sie zusammen ins Kino gehen könnten.
C	Antes de irse a América Antonio **estuvo** aquí muchas veces.	Bevor er nach Amerika ging, war Antonio oft hier.
	El miércoles y el sábado **fuimos** a verte, pero no había nadie en casa.	Am Mittwoch und Samstag wollten wir dich besuchen, aber es war niemand zu Hause.

- Das Indefinido wird hauptsächlich gebraucht:
  A Für einmalige Handlungen in der Vergangenheit, die zu einem bestimmten Zeitpunkt oder innerhalb einer genau bestimmten Zeitspanne stattgefunden haben.
  B Für eine Handlung, die plötzlich eintritt und eine andere Handlung oder Tätigkeit unterbricht.
  C Für wiederholte Handlungen in der Vergangenheit, die inzwischen abgeschlossen sind.
  (Dies betrifft nicht nur Tatbestände mit Zeitangabe – «ayer», «el domingo pasado» ... –, sondern auch Äußerungen des Sprechenden ohne ausdrückliche Zeitangabe.)

Imperfekt (El imperfecto)

45 **-ar** **hablar** | 46 **-er** **comer** | 47 **-ir** **vivir**

hablaba	ich sprach	comía	ich aß	vivía	ich lebte
hablabas	*usw.*	comías	*usw.*	vivías	*usw.*
hablaba		comía		vivía	
hablábamos		comíamos		vivíamos	
hablabais		comíais		vivíais	
hablaban		comían		vivían	

- Die Punkte weisen auf die Betonung hin.
- Unregelmäßig ist das Imperfekt der Verben «ir» (iba, § 85), «ser» (era, § 93), «ver» (veía, § 97).

48 Gebrauch des Imperfekts

A	Cuando yo **era** pequeño, no me **gustaban** las espinacas.	Als ich klein war, mochte ich keinen Spinat.
	¿Como **era** entonces tu ciudad?	Wie sah damals deine Stadt aus?
B	Antes **íbamos** con frecuencia al teatro.	Früher gingen wir oft ins Theater.
	Ahora Merche escribe menos, pero antes nos **mandaba** una carta casi todas las semanas.	Merche schreibt jetzt weniger, aber früher schickte sie uns fast jede Woche einen Brief.
C	Pilar **quería** ser azafata.	Pilar wollte Stewardeß werden.
	En el mercado **había** mucha gente.	Auf dem Markt waren viele Leute.
	Mi tío **tenía** una droguería en Madrid.	Mein Onkel hatte eine Drogerie in Madrid.
	Llegó el telegrama justo cuando **queríamos** salir.	Das Telegramm kam gerade, als wir weggehen wollten.

- Das Imperfekt wird vor allem gebraucht:
  - **A** Für die Beschreibung eines Zustandes in der Vergangenheit (Beginn und Ende dieses Zustandes werden weder ausdrücklich noch implizit erwähnt).
  - **B** Für wiederholte Handlungen in der Vergangenheit (ohne ein ausdrücklich bestimmtes Ende).
  - **C** Auch für Handlungen oder Vorgänge, für die kein näher bestimmter Zeitpunkt angegeben wird. (Beachte: auch die Sätze «**quiso** ser azafata», «mi tío **tuvo** una droguería» sind möglich, sie bedeuten dann aber, daß dieser Wunsch bzw. dieser Zustand zu einem bestimmten Zeitpunkt nicht mehr vorhanden waren: „sie wollte – z. B. bis zu ihrem 20. Lebensjahr – Stewardeß werden"...)

49 Gerundium (El gerundio)

Mi marido **está desayunando** en la cafetería.	Mein Mann frühstückt gerade in der Cafeteria.
¿Qué **estás haciendo? Estoy comiendo** un bocadillo.	Was machst du? Ich esse gerade ein Butterbrot.
¿Qué haces? **Estoy escribiendo** a Marisa.	Was machst du? Ich schreibe gerade an Marisa.

- Das Gerundium wird mit den Endungen **-ando** (Verben auf **-ar**) oder **-iendo** (Verben auf **-er**, **-ir**) gebildet.
- «estar» + Gerundium (Verlaufsform) wird gebraucht für Handlungen, die gerade stattfinden:
  estoy desayunando ich frühstücke gerade, **estaba desayunando** cuando ... ich frühstückte gerade, als ...

Imperativ (El imperativo)

50 usted, ustedes

	contestar	cerrar	comer	volver	escribir	dormir
Sing.	contẹste	ciẹrre	cọma	vuẹlva	escrịba	duẹrma
Pl.	contẹsten	ciẹrren	cọman	vuẹlvan	escrịban	duẹrman
	antworten Sie	schließen Sie	essen Sie	kommen Sie wieder	schreiben Sie	schlafen Sie

51 tú, vosotros

Sing.	contẹsta	ciẹrra	cọme	vuẹlve	escrịbe	duẹrme
	antworte	schließ	iß	komm wieder	schreib	schlaf
Pl.	contestạd*	cerrạd	comẹd	volvẹd	escribịd	dormịd
	antwortet	schließt	eßt	kommt wieder	schreibt	schlaft

52 Einige unregelmäßige Imperativformen

Tenga la llave.	Hier ist der Schlüssel. (Nehmen Sie …)
Déme un sello, por favor.	Geben Sie mir bitte eine Briefmarke.
Oiga.	Hallo! (zu Unbekannten auf der Straße)
Diga. Dígame.	Ja, bitte? –Hallo! (am Telefon)
Póngame un kilo de naranjas.	Geben Sie mir zwei Pfund Apfelsinen.
Haga el favor de enviar …	Tun Sie mir den Gefallen und schicken Sie …
Dime la verdad.	Sag mir die Wahrheit.
Haz la cama antes de marcharte.	Mach das Bett, bevor du gehst.
Pon la mesa, por favor.	Deck bitte den Tisch.
Oye. - Ven a verme.	Hör mal! – Komm mich besuchen.

* In der Umgangssprache wird manchmal (in Spanien) statt der Imperativform der 2. Person Plural die Infinitivform gebraucht: **Llamar** el martes. Ruft am Dienstag an. **Cerrar** la puerta, por favor. Macht bitte die Tür zu.
(Genau wie die Personalform «vosotros» wird in Lateinamerika in der Regel die Befehlsform der 2. Person Plural vermieden; statt dessen benutzt man im allgemeinen die «ustedes»-Form auch für Personen, die man duzt: **Vengan** a casa, niños. Kommt nach Hause, Kinder.)

- Die bejahten und verneinten Höflichkeitsformen des Imperativs (mit «usted», «ustedes») sind identisch.
- Wenn ein Personalpronomen beim Imperativ steht, wird es in der bejahten Form an das Verb angehängt (beachten Sie dabei den Akzent!): **Dígame** lo que pasó. Sagen sie mir, was geschehen ist. (s. § 145); in der verneinten Form aber steht das Pronomen vor dem Verb und hinter der Negation: No **me** lo **diga.** Sagen Sie es mir nicht. (s. § 101)
- Zahlreiche Imperativformen von häufig gebrauchten Verben sind sowohl in der «tú»-Form als auch in der «usted»-Form unregelmäßig: **oye, oiga, di, diga …**

53 hay

¿Qué **hay** hoy en la tele?	Was gibt es heute im Fernsehen?
¿**Hay** anuncios interesantes en el periódico?	Stehen interessante Anzeigen in der Zeitung?
En el cuarto de estar **hay** una mesa grande y cinco sillas.	Im Wohnzimmer stehen/sind ein großer Tisch und fünf Stühle.
En esta calle **hay** dos hoteles.	In dieser Straße gibt es zwei Hotels.
¿**Hay** alguien en casa?	Ist jemand zu Hause?

- **hay** ist unveränderlich. Es steht in der Regel
  - beim Substantiv ohne Artikel (aquí no **hay** hoteles …)
  - beim Substantiv mit unbestimmtem Artikel (en la habitación **hay** una mesa …)
  - vor Zahlen (**hay** dos hoteles …)
  - vor unbestimmten Pronomen (no **hay** nadie en casa …)
- **hay** wird in allen Zeiten (Indikativ und Konjunktiv) gebraucht, z. B.: **Había** mucha maquinaria. Es gab viele Maschinen. **Ha habido** una huelga. Es hat einen Streik gegeben. (s. auch § 83)
- Einige häufige Wendungen mit **hay:**
  ¿Qué **hay**? Was ist (los)? Was gibt es Neues? En Madrid **hay** de todo. In Madrid gibt es für jeden etwas.
  No **hay** de qué. Keine Ursache. **Hay** gustos para todo. Sobre gustos no **hay** nada escrito. Über Geschmack läßt sich nicht streiten.

Gebrauch von «ser» und «estar» §§ 54 - 58

54 ser

¿Quién **es** ese chico? – **Es** Juan. **Es** taxista.	Wer ist dieser junge Mann? – Es ist Juan. Er ist Taxifahrer.
¿**Es** usted alemana? – No, **soy** austríaca, **soy** de Viena.	Sind Sie Deutsche? – Nein, ich bin Österreicherin, ich bin aus Wien.
Hoy **es** martes, 22 de diciembre.	Heute ist Dienstag, der 22. Dezember.
Ya **son** casi las diez de la noche.	Es ist schon fast zehn Uhr abends.
¿Cuánto **es**, por favor? **Son** ochenta pesetas.	Wieviel macht das bitte? 80 Peseten.

(Konjugation von **ser:** § 93)

- **Ser** wird verwendet
  - vor Substantiven oder substantivisch gebrauchten Wörtern
  - für die Angabe von Uhrzeit, Tag, Beruf, Verwandtschaft, Religion, Herkunft usw.
- Einige häufige Wendungen mit **ser:**

Es que tengo muy poco tiempo.	Im Grunde genommen habe ich sehr wenig Zeit. (Es ist eigentlich so,...)
Si ya **es** muy tarde.	Aber es ist doch schon sehr spät.
No **es** nada del otro mundo.	Es ist nichts Überwältigendes.
Otra vez **será.**	(Dann eben) ein andermal.
¡Qué patosa **es** la gente!	Wie ungeschickt die Menschen doch sind!

55 estar

Los chicos no **están** en casa.	Die Jungen sind nicht zu Hause.
El libro de Neruda **está** en la estantería.	Das Buch von Neruda ist im Regal.
La moto **está** delante de la librería.	Das Motorrad steht vor der Buchhandlung.
¿Dondé **está** esa iglesia moderna?	Wo ist diese moderne Kirche?
¿Dónde **está** tu hotel? ¿Lejos? – No, **está** muy cerca.	Wo ist dein Hotel? Weit weg? – Nein, es ist ganz in der Nähe.
¿Cómo **están** ustedes? – Yo **estoy** bien, pero mi hermano **está** hoy enfermo.	Wie geht es Ihnen? – Mir geht es gut, aber mein Bruder ist heute krank.

(Konjugation von **estar:** § 82; **estar** + Gerundium: § 49)

- **estar** = sein, liegen, stehen
- **estar** = sich befinden, sich fühlen
- **estar** wird außerdem verwendet
  - beim bestimmten Artikel
  - vor dem Possesiv- oder Demonstrativpronomen
- Einige häufige Wendungen mit **estar:**

Está bien.	Ist in Ordnung. Es ist recht so.
¡Qué gris **está** el cielo hoy!	Wie grau der Himmel heute ist!
¿Qué tal **estáis?**	Wie geht es euch?

56 «ser» oder «estar» vor Adjektiven

A

Esta casa **es** ciertamente moderna, pero no **es** bonita.	Dieses Haus ist zwar modern, aber schön ist es nicht.
La novia de Carlos **es** morena y delgada.	Carlos Freundin ist dunkelhaarig und schlank.
No quiero hablar con él, **es** muy antipático.	Ich will nicht mit ihm reden, er ist sehr unfreundlich.
Estos zapatos **son** demasiado pequeños para mí.	Diese Schuhe sind mir zu klein.
La fiesta en tu casa **ha sido** muy entretenida.	Das Fest bei dir ist sehr unterhaltsam gewesen.

B	El subdirector **está** muy ofendido.	Der stellvertretende Direktor ist sehr gekränkt. (Irgend jemand hat ihn beleidigt.)
	El piso **está** vacío.	Die Wohnung steht leer. (z. B. nach einem Umzug.)
	Claro que **está** cansada.	Natürlich ist sie müde. (Sie hat viel gearbeitet.)
	Las sandías **están** maduras.	Die Wassermelonen sind reif. (Sie sind reif geworden.)
	El disco **está** rojo.	Die Ampel ist rot. (rot geworden)
	¿Quién ha puesto azúcar en mi café? **Está** muy dulce.	Wer hat Zucker in meinen Kaffee getan? Er ist sehr süß.
	Para **estar** más segura esconde el dinero.	Um ganz sicher zu gehen, versteckt sie das Geld. (Sie strebt eine größere Sicherheit an.)

- Ob man vor einem Adjektiv **ser** oder **estar** verwendet, hängt nicht nur von den Tatbeständen ab, sondern auch von der persönlichen Absicht des Sprechenden (s. § 57).
  A **ser** + Adjektiv wird daher eher verwendet für dauerhafte oder charakteristische Eigenschaften.
  B **estar** + Adjektiv wird eher verwendet für
  - vorübergehende, leicht veränderliche Eigenschaften
  - Zustände als Ergebnis einer Veränderung

57 Bedeutungsänderungen je nach dem Gebrauch von «ser» oder «estar»

A	Mi hermano **es** muy joven.	Mein Bruder ist sehr jung.
	Hoy he visto a tu padre. ¡Qué joven **está**!	Heute habe ich deinen Vater gesehen. Wie jung er doch aussieht!
B	Andrés **es** muy simpático.	Andrés ist sehr freundlich.
	¡Qué simpática **estaba** la secretaria!	Wie nett die Sekretärin war!
C	Esa película de Buñuel **es** muy triste.	Dieser Film von Buñuel ist sehr traurig.
	Juan **está** hoy tristísimo.	Juan ist heute sehr traurig.
D	Estas uvas **son** muy dulces.	Diese Weintrauben sind sehr süß.
	El café **está** demasiado dulce.	Der Kaffee ist zu süß.

- Je nach dem Gebrauch von **ser** oder **estar** vor demselben Adjektiv hat der Satz eine andere Bedeutung:
  A **ser** = er ist jung an Jahren
  estar = er ist nicht mehr jung, sieht aber so aus
  B **ser** = Andrés ist immer so (Charakter)
  estar = sie machte diesen Eindruck
  C **ser** = der Film schildert ausschließlich Trauriges
  estar = etwas hat ihn heute traurig gestimmt
  D **ser** = diese Art Weintrauben ist von Natur aus süß
  estar = Veränderung durch die Zuckermenge
- Auch bei zahlreichen anderen Adjektiven ist das der Fall: **estar/ser** seguro sicher sein; **estar/ser** viejo alt sein; **estar/ser** alto groß sein.
  Sogar bei den Adjektiven bzw. Substantiven «soltero» ledig, «viudo» verwitwet, Witwer wird je nach Sicht des Sprechenden **ser** oder **estar** verwendet. (Beim Adjektiv «casado» verheiratet verwendet man hingegen fast ausschließlich **estar**.)

58 «estar» vor Partizipien

La librería **está** hoy cerrada.	Die Buchhandlung ist heute geschlossen. (Man hat sie geschlossen.)
Hay corriente, todas las ventanas **están** abiertas.	Es zieht, alle Fenster sind auf. (Man hat sie geöffnet.)
El plato **está** roto.	Der Teller ist kaputt. (Jemand hat ihn zerschlagen.)
Este sillón **está** ocupado.	Dieser Sessel ist besetzt. (Jemand hat den Platz belegt.)

- Partizipien als Adjektive werden vor allem dann mit **estar** gebraucht, wenn sie einen Zustand oder das Ergebnis einer Veränderung beschreiben.
- Wie bei den sonstigen Adjektiven aber (s. § 56) können viele Partizipien je nach Gebrauch von **ser** oder **estar** eine ganz andere Bedeutung haben: Miguel **es** muy decidido. Miguel ist sehr entschlossen. Mario **está** decidido a comprar el coche. Mario ist entschlossen, das Auto zu kaufen.

Gebrauch einiger wichtiger Verben §§ 59 - 63

59 hacer

A	**Hace** buen tiempo.	Es ist schönes Wetter.
	Hace calor. **Hace** frío.	Es ist warm. Es ist kalt.
	Hace diez grados bajo cero.	Es sind zehn Grad unter Null.
B	Se casaron **hace** diez años.	Sie heirateten vor zehn Jahren.
	Viven en Francia **desde hace** quince años.	Sie leben seit fünfzehn Jahren in Frankreich.

(Konjugation und weitere Bedeutungen von **hacer:** § 84.)

- **Hacer** wird auch folgendermaßen gebraucht:
  A für Wendungen im Zusammenhang mit dem Wetter
  B **hace** + Zeitangabe = „vor"; **desde hace** + Zeitraum = „seit"

60 llevar

¿Cuánto tiempo **llevas** aquí?	Wie lange bist du schon hier?
Llevo ya dos años en México.	Ich bin schon seit zwei Jahren in Mexiko.
La portera **lleva** más de 15 años en esta casa.	Die Portiersfrau ist seit über 15 Jahren in diesem Haus.
Lleva más de una semana lloviendo.	Es regnet seit über einer Woche.

- Um etwas auszudrücken, was in der Vergangenheit anfing und noch andauert, benutzt man oft das Verb **llevar** mit Zeitangaben.

61 tener

A	¿Cuántos años **tenéis?**	Wie alt seid ihr?
	Yo **tengo** 15 años, mi amigo **tiene** 17.	Ich bin 15 Jahre alt, mein Freund ist 17.
B	**Tengo** frío. **Tengo** calor.	Mir ist kalt. Mir ist warm.
	¿**Tienes** mucho sueño?	Bist du sehr müde?
C	**Tenemos que** trabajar mucho.	Wir müssen viel arbeiten.
	¿Hasta cuándo **tienes que** terminar ese trabajo?	Bis wann sollst du diese Arbeit beenden?

(Konjugation und weitere Bedeutungen von **tener:** § 94.)
- **tener** … años = … Jahre alt sein
- **tengo** frío/calor = mir ist kalt/warm
- **tener** sueño/cansancio = müde sein
- **tener que** + Infinitiv = müssen (Zwang), sollen (Pflicht)

62 gustar – doler

¿Te **gusta** esta postal?	(Wie) gefällt dir diese Postkarte?
El té no me **gusta.**	Ich mag keinen Tee.
¿Qué os **gustaría**?	Was hättet ihr gern?
Me **gustan** mucho las gambas.	Ich esse sehr gern Krabben.
A mí me **ha gustado** mucho la película.	Mir hat der Film sehr gut gefallen.
Me **duele** la cabeza.	Ich habe Kopfschmerzen.
¿Qué te **parece** este cuadro?	Wie gefällt dir dieses Bild? Was hältst du von diesem Bild?

- **gustar** = (gut) gefallen, mögen, gern haben, schmecken
- **doler** = weh tun
- Ähnlich wie diese Verben werden auch z. B. **parecer, pasar** gebraucht: ¿Qué te parece? Was meinst du dazu? Wie gefällt es dir? ¿Qué le pasa? Was ist mit ihr/ihm/Ihnen los? (s. auch §§ 108–109)

63 Das Verb „sollen" bei Fragen

¿Dónde **pongo** este cuadro?	Wo soll ich dieses Bild aufhängen/hinstellen?
¿Os **hago** un café?	Soll ich euch einen Kaffee kochen?
¿Te **traigo** algo de España?	Soll ich dir etwas aus Spanien mitbringen?

- Für die deutschen Wendungen „soll ich schreiben …?", „sollen wir kaufen …?" steht im Spanischen nur «¿Escribo …?», «¿Compramos …?»

64 Man sagt – Se dice (Pasiva refleja)

¿Cómo **se dice** eso en español?	Wie heißt das/sagt man auf spanisch?
¿Cómo **se hace?**	Wie macht man das?
También en Andorra **se habla** catalán.	Auch in Andorra spricht man Katalanisch.
En España **se hablan** cuatro lenguas.	In Spanien spricht man vier Sprachen.
Se aprieta este botón y ya está.	Man drückt diesen Knopf und fertig.
En esta ranura **se ponen** las fichas.	In diesen Schlitz steckt man die Geldmarken.

- Den deutschen Ausdrücken „man spricht", „man sagt" … entspricht oft im Spanischen die reflexive Form des Verbs.
- Im Gegensatz zum Deutschen steht das Verb im Spanischen im Plural, wenn es sich um mehrere Sachen oder Personen handelt.
- «Dicen que …» = „man sagt, daß …": Dicen que ya no hay entradas. Man sagt/Es heißt, daß es keine Eintrittskarten mehr gibt.

65 Etwas über die indirekte Rede (Estilo indirecto)

Dice que dónde pone el cuadro.	Er fragt, wohin er das Bild stellen/hängen solle.
Ha dicho que se alegra/se ha alegrado mucho.	Sie hat gesagt, daß sie sich freue/gefreut habe.
Dirá que ha estado en casa todo el día.	Er wird sagen, er sei den ganzen Tag zu Hause gewesen.
Dijo que estaba muy cansado.	Er sagte, er sei sehr müde gewesen.
Dijo que había estado en Costa Rica.	Sie sagte, sie sei in Costa Rica gewesen.

- Im Gegensatz zum Deutschen wird im Spanischen der Konjunktiv nur verwendet, wenn das Hauptverb es verlangt. Dice que no quiere comer. Er sagt, er wolle nicht essen. – Dice que venga. Er sagt, er/sie soll kommen.
- Nach Präsens, Perfekt, Futur im Hauptsatz steht im Nebensatz (indirekte Rede) in der Regel Präsens oder Perfekt.
- Nach Imperfekt und Indefinido im Hauptsatz steht im Nebensatz in der Regel Imperfekt (oder Plusquamperfekt).
- Der logische Gebrauch der Zeiten spielt dabei eine wesentliche Rolle. Dies bedeutet, daß die obengenannten Regeln nicht die einzig gültigen für die indirekte Rede sind.
  Cuenta que estuvo en Perú. Er erzählt, er sei in Peru gewesen. Cuenta que había mucha gente allí. Er erzählt, es seien dort viele Menschen gewesen. Dijo que iría si tiene tiempo. Er sagte, er würde gehen, wenn er Zeit hätte.
  Dijo que vendría/vendrá el mes que viene. Er sagte, er würde/werde nächsten Monat kommen.
- Dice que sí. Dice que no. Er sagt ja. Er sagt nein.

Präsens Konjunktiv (El presente de subjuntivo)

		66 -ar **trabajar**	67 -er **beber**	68 -ir **escribir**
Sing.	1	traba**je**	be**ba**	escri**ba**
	2	traba**jes**	be**bas**	escri**bas**
	3	traba**je**	be**ba**	escri**ba**
Pl.	1	traba**jemos**	beb**amos**	escrib**amos**
	2	traba**jéis**	beb**áis**	escrib**áis**
	3	traba**jen**	be**ban**	escri**ban**

Verben mit Diphthong e → ie

69 **pensar**	70 **perder**	71 **sentir**
piense	pierda	sienta
pienses	pierdas	sientas
piense	pierda	sienta
pensemos	perdamos	sintamos
penséis	perdáis	sintáis
piensen	pierdan	sientan

Verben mit Diphthong o → ue

72 **contar**	73 **poder**	74 **dormir**
cuente	pueda	duerma
cuentes	puedas	duermas
cuente	pueda	duerma
contemos	podamos	durmamos
contéis	podáis	durmáis
cuenten	puedan	duerman

- Die Punkte weisen auf die Betonung hin.
- Endungen des Konjunktiv Präsens:
  Verben auf **-ar: -e, -es, -e, -emos, -éis, -en**
  Verben auf **-er / -ir**: **-a, -as, -a, -amos, -áis, -an**

75 Präsens Konjunktiv nach «querer»

¿Quieres que **llame** al médico?	Willst du, daß ich den Arzt anrufe?
Mi novio quiere que **deje** de fumar.	Mein Freund möchte, daß ich aufhöre zu rauchen.

- Nach **querer** (und nach Verben der „Willensäußerung": pedir, recomendar, exigir …) steht im Spanischen der Konjunktiv.
- **quisiera** = ich möchte
- ¡Que lo **pase** bien! Viel Spaß!, Alles Gute!, ¡Que **tengas** mucha suerte! (ich wünsche dir) viel Glück!, ¡Que **aproveche!** Guten Appetit! Wohl bekomm's! sind auch Ausdruck eines Wunsches oder einer Willensäußerung: «(Deseo/Quiero) que tengas suerte.»

76 Präsens Konjunktiv nach «cuando»

Cuando **hablemos** de Chile la semana que viene …	Wenn wir nächste Woche über Chile sprechen …
Cuando Merche nos **cuente** lo que vio en Argentina …	Wenn Merche uns erzählt, was sie in Argentinien gesehen hat …
Escríbenos cuando **llegues** a México.	Schreib uns, wenn/sobald du in Mexiko bist.

- Nach **cuando** (und «mientras», «siempre que», «hasta que») steht der Konjunktiv in Temporalsätzen, die sich auf die Zukunft beziehen.

Liste der unregelmäßigen Verben §§ 77 - 98

77 abrir (öffnen)

Presente ind.	*Presente subj.*	*Indefinido*	*Imperfecto*	*Participio*	*Imperativo*	*Gerundio*
abro	abra	abrí	abría	abierto	abre *(tú)*	abriendo
abres	abras	abriste	abrías		abrid *(vosotros)*	
usw.	*usw.*	*usw.*	*usw.*		abra *(usted)*	
					abran *(ustedes)*	

78 conocer (kennen, kennenlernen)

Presente ind.	*Presente subj.*	*Indefinido*	*Imperfecto*	*Participio*	*Imperativo*	*Gerundio*
conozco	conozca	conocí	conocía	conocido		conociendo
conoces	conozcas	conociste	conocías			
conoce	conozca	conoció	conocía			
usw.	*usw.*	*usw*	*usw.*			

¿**Conoces** a la novia de Fernando? – ¡Claro que la **conozco**! Kennst du Fernandos Freundin? Natürlich kenne ich sie!

79 dar (geben)

Presente ind.	*Presente subj.*	*Indefinido*	*Imperfecto*	*Participio*	*Imperativo*	*Gerundio*
doy	dé	di	daba	dado	da	dando
das	des	diste	dabas		dad	
da	dé	dio	daba		dé	
damos	demos	dimos	dábamos		den	
dais	deis	disteis	dabais			
dan	den	dieron	daban			

dar clase unterrichten – ¿**Damos** una vuelta/un paseo? Machen wir eine Runde/einen Spaziergang? – **Da** igual. Es ist gleich. – **Déme** dos entradas, por favor. Geben Sie mir bitte zwei Eintrittskarten. – ¿Qué impresión te **da**? Was für einen Eindruck hast du?

80 decir (sagen)

Presente ind.	*Presente subj.*	*Indefinido*	*Imperfecto*	*Participio*	*Imperativo*	*Gerundio*
digo	diga	dije	decía	dicho	di	diciendo
dices	digas	dijiste	decías		decid	
dice	diga	dijo	decía		diga	
decimos	digamos	dijimos	decíamos		digan	
decís	digáis	dijisteis	decíais			
dicen	digan	dijeron	decían			

¿Cómo **dice(s)**? Wie bitte? – ¿Te **dice** algo ese cuadro? Sagt dir dieses Bild etwas? – Me **ha dicho** que se alegra mucho. Sie hat mir gesagt, sie freue sich sehr. – **¡Dígame!** Hallo! (am Telefon) – **¡Diga!** Ja, bitte?

81 escribir (schreiben)

Presente ind.	*Presente subj.*	*Indefinido*	*Imperfecto*	*Participio*	*Imperativo*	*Gerundio*
escribo	escriba	escribí	escribía	escrito	escribe	escribiendo
escribes	escribas	escribiste	escribías		escribid	
usw.	*usw.*	*usw.*	*usw.*		escriba	
					escriban	

A ver si me **escribís.** Mal sehen, ob ihr mir schreibt. Ich hoffe, ihr schreibt mir.

82 estar (sein, sich befinden, liegen)

Presente ind.	*Presente subj.*	*Indefinido*	*Imperfecto*	*Participio*	*Imperativo*	*Gerundio*
estoy	esté	estuve	estaba	estado		estando
estás	estés	estuviste	estabas			
está	esté	estuvo	estaba			
estamos	estemos	estuvimos	estábamos			
estáis	estéis	estuvisteis	estabais			
están	estén	estuvieron	estaban			

¿**Estás** bien? ¿Ya **estás** en casa? Geht es dir gut? Bist du schon zu Hause? – ¿Cómo **está** usted? Wie geht es Ihnen? – **Está** casada. Sie ist verheiratet. – Claro que **está** cansado. Natürlich ist er müde. ¿A cuántos **estamos**? Den wievielten haben wir heute? (s. auch § 22 B)

83 haber (haben – nur Hilfsverb, s. §§ 35–37)

Presente ind.	*Presente subj.*	*Indefinido*	*Imperfecto*	*Participio*	*Imperativo*	*Gerundio*
he	haya	hube	había	habido		habiendo
has	hayas	hubiste	habías			
ha (hay)	haya	hubo	había			
hemos	hayamos	hubimos	habíamos			
habéis	hayáis	hubisteis	habíais			
han	hayan	hubieron	habían			

Allí **hay** mucha industria. Dort gibt es viel Industrie. – **Hay** muchas montañas. Es gibt viele Berge. ¿Qué **hay** para cenar? Was gibt es zum Abendessen? – No **hay** aparcamientos libres. Es gibt keine freien Parkplätze. – Aquí **hay** siempre mucha gente. Hier sind immer viele Menschen.

hay que = man muß: **Hay que** esperar. Man muß warten. **Hay que** trabajar mucho. Man muß viel arbeiten. (s. auch § 53)

84 hacer (machen)

Presente ind.	*Presente subj.*	*Indefinido*	*Imperfecto*	*Participio*	*Imperativo*	*Gerundio*
hago	haga	hice	hacía	hecho	haz	haciendo
haces	hagas	hiciste	hacías		haced	
hace	haga	hizo	hacía		haga	
hacemos	hagamos	hicimos	hacíamos		hagan	
hacéis	hagáis	hicisteis	hacíais			
hacen	hagan	hicieron	hacían			

(**hacer** + Zeitangabe, **hacer** + calor, frío …: § 59)
¿Qué **haces** en tu tiempo libre? Was machst du in deiner Freizeit?– ¿Qué **habéis hecho?** Was habt ihr gemacht? – **hacer** punto stricken

85 ir (gehen, reisen, fahren) – irse (weggehen)

Presente ind.	*Presente subj.*	*Indefinido*	*Imperfecto*	*Participio*	*Imperativo*	*Gerundio*
voy	vaya	fui	iba	ido	ve (vete)	yendo
vas	vayas	fuiste	ibas		id (idos)	
va	vaya	fue	iba		vaya (váyase)	
vamos	vayamos	fuimos	íbamos		vayan (váyanse)	
vais	vayáis	fuisteis	ibais			
van	vayan	fueron	iban			

ir en autobús/bicicleta/coche/moto/metro/tranvía mit dem Bus/Fahrrad/Auto/Motorrad/der U-Bahn/der Straßenbahn fahren – **ir en** avión fliegen – **ir a** pie zu Fuß gehen
Voy a casa. Ich gehe nach Hause. – **Voy** a casa de los Sánchez. Ich gehe zu den Sánchez. – ¿Cómo **vas**? Wie fährst du (hin)? – ¿**Vamos** luego a la discoteca? Gehen wir anschließend in die Diskothek? – María compra el periódico antes de **ir** a casa. Maria kauft die Zeitung, bevor sie nach Hause geht. – ¡**Vamos**! Laßt uns gehen! – (No,) qué **va.** Ach was! Tengo que **irme.** Ich muß weg(gehen). – ¿Cuándo os **vais**? Wann geht/fahrt ihr weg?

86 oír (hören)

Presente ind.	*Presente subj.*	*Indefinido*	*Imperfecto*	*Participio*	*Imperativo*	*Gerundio*
oigo	oiga	oí	oía	oído	oye	oyendo
oyes	oigas	oíste	oías		oíd	
oye	oiga	oyó	oía		oiga	
oímos	oigamos	oímos	oíamos		oigan	
oís	oigáis	oísteis	oíais			
oyen	oigan	oyeron	oían			

¡**Oye**! Hör mal! Hör zu! Hallo! (zu Freunden) – ¡**Oiga**! Hallo! (zu Menschen, die man nicht duzt) Hören Sie (zu)!
(Veränderung *i* → *y*: § 149)

87 poder (können, dürfen)

Presente ind.	*Presente subj.*	*Indefinido*	*Imperfecto*	*Participio*	*Imperativo*	*Gerundio*
puedo	pueda	pude	podía	podido		pudiendo
puedes	puedas	pudiste	podías			
puede	pueda	pudo	podía			
podemos	podamos	pudimos	podíamos			
podéis	podáis	pudisteis	podíais			
pueden	puedan	pudieron	podían			

¿En qué **puedo** servirle? Was kann ich für Sie tun? – Me **puede** llamar a mi despacho. Er kann mich in meinem Büro anrufen. (s. auch § 31)

88 poner (stellen, legen, setzen)

Presente ind.	*Presente subj.*	*Indefinido*	*Imperfecto*	*Participio*	*Imperativo*	*Gerundio*
pongo	ponga	puse	ponía	puesto	pon	poniendo
pones	pongas	pusiste	ponías		poned	
pone	ponga	puso	ponía		ponga	
ponemos	pongamos	pusimos	poníamos		pongan	
ponéis	pongáis	pusisteis	poníais			
ponen	pongan	pusieron	ponían			

¿Dónde **pongo** este cuadro? Wo soll ich dieses Bild aufhängen/hinstellen? – Puedes **ponerlo** en el suelo. Du kannst es auf den Boden legen/stellen. – **Ponen** una película de Almodóvar. Es läuft ein Film von Almodóvar. – **Póngame** un kilo, por favor. Geben Sie mir bitte ein Kilo.
– **poner** la mesa den Tisch decken – **poner** orden aufräumen – **ponerse** triste traurig werden – **ponerse a** trabajar anfangen zu arbeiten

89 querer (wollen, wünschen, lieben)

Presente ind.	*Presente subj.*	*Indefinido*	*Imperfecto*	*Participio*	*Imperativo*	*Gerundio*
quiero	quiera	quise	quería	querido		queriendo
quieres	quieras	quisiste	querías			
quiere	quiera	quiso	quería			
queremos	queramos	quisimos	queríamos			
queréis	queráis	quisisteis	queríais			
quieren	quieran	quisieron	querían			

¿**Quiere** una sandía? Möchten Sie eine Wassermelone? – **Quiero** que esté madura. Ich möchte, daß sie reif ist. (Sie soll ...) (querer + Konjunktiv: § 75) – **Queridos** padres: Liebe Eltern: – **Queridos** tíos: Liebe Tante, lieber Onkel: – **Queridos** Diana y Gerardo: Liebe Diana, lieber Gerardo: – **quisiera** ich möchte (s. auch § 28)

90 romper (brechen, zerbrechen, kaputtmachen)

Presente ind.	*Presente subj.*	*Indefinido*	*Imperfecto*	*Participio*	*Imperativo*	*Gerundio*
rompo	rompa	rompí	rompía	roto		rompiendo
rompes	rompas	rompiste	rompías			
usw.	*usw.*	*usw.*	*usw.*			

El plato está **roto.** Der Teller ist kaputt. Lo han **roto** por el camino. Er ist unterwegs kaputtgegangen. – **romperse** kaputtgehen

91 saber (wissen, können)

Presente ind.	*Presente subj.*	*Indefinido*	*Imperfecto*	*Participio*	*Imperativo*	*Gerundio*
sé	sepa	supe	sabía	sabido		sabiendo
sabes	sepas	supiste	sabías			
sabe	sepa	supo	sabía			
sabemos	sepamos	supimos	sabíamos			
sabéis	sepáis	supisteis	sabíais			
saben	sepan	supieron	sabían			

No (lo) **sé.** Ich weiß (es) nicht. – Yo qué **sé.** Was weiß ich. Keine Ahnung. – **saber** cocinar/nadar kochen/schwimmen können – (**sabe** bien/mal es schmeckt gut/schlecht)

92 salir (gehen, ausgehen, abfahren)

Presente ind.	*Presente subj.*	*Indefinido*	*Imperfecto*	*Participio*	*Imperativo*	*Gerundio*
salgo	salga	salí	salía	salido	sal	saliendo
sales	salgas	saliste	salías		salid	
sale	salga	salío	salía		salga	
usw.	*usw.*	*usw.*	*usw.*		salgan	

Salgo de casa temprano. Ich gehe früh aus dem Haus. El conductor **sale** del coche. Der Fahrer steigt (aus dem Auto) aus. – El tren **sale** a las cinco. Der Zug fährt um fünf Uhr ab. Hoy ya no vuelvo a **salir** de casa. Heute gehe ich nicht mehr aus dem Haus.

93 ser (sein)

Presente ind.	*Presente subj.*	*Indefinido*	*Imperfecto*	*Participio*	*Imperativo*	*Gerundio*
soy	sea	fui	era	sido	sé	siendo
eres	seas	fuiste	eras		sed	
es	sea	fue	era		sea	
somos	seamos	fuimos	éramos		sean	
sois	seáis	fuisteis	erais			
son	sean	fueron	eran			

¿Cuánto **es**? Wieviel macht das bitte? – **Son** 100 marcos. (Es sind) 100 DM. – **Soy** yo. Ich bin es. (s. auch §§ 54, 56, 57)

94 tener (haben, besitzen)

Presente ind.	*Presente subj.*	*Indefinido*	*Imperfecto*	*Participio*	*Imperativo*	*Gerundio*
tengo	tenga	tuve	tenía	tenido	ten	teniendo
tienes	tengas	tuviste	tenías		tened	
tiene	tenga	tuvo	tenía		tenga	
tenemos	tengamos	tuvimos	teníamos		tengan	
tenéis	tengáis	tuvisteis	teníais			
tienen	tengan	tuvieron	tenían			

(**tener que** = müssen, **tener** + Alter, **tener** frío/calor: § 61)
Tiene tres hermanos. Sie hat drei Brüder. – No **tengo** ganas de trabajar. Ich habe keine Lust zu arbeiten. – Vamos a **tener** un bonito día. Wir werden einen schönen Tag haben. – ¡**Tenga**! Nehmen Sie! Bitte schön! – **tener** prisa es eilig haben – **tener** razón recht haben

95 traer (herbringen)

Presente ind.	*Presente subj.*	*Indefinido*	*Imperfecto*	*Participio*	*Imperativo*	*Gerundio*
traigo	traiga	traje	traía	traído	trae	trayendo
traes	traigas	trajiste	traías		traed	
trae	traiga	trajo	traía		traiga	
traemos	traigamos	trajimos	traíamos		traigan	
traéis	traigáis	trajisteis	traíais			
traen	traigan	trajeron	traían			

¿Qué **trae**? Was bringen Sie? – **Traigo** ropa para lavar. Ich bringe Wäsche zum Waschen. **Traen** un frigorífico. Sie bringen einen Kühlschrank. – ¡**Tráigame** una cerveza, por favor! Bringen Sie mir bitte ein Bier! (Veränderung *i* → *y* § 149)

96 venir (herkommen)

Presente ind.	*Presente subj.*	*Indefinido*	*Imperfecto*	*Participio*	*Imperativo*	*Gerundio*
vengo	venga	vine	venía	venido	ven	viniendo
vienes	vengas	viniste	venías		venid	
viene	venga	vino	venía		venga	
venimos	vengamos	vinimos	veníamos		vengan	
venís	vengáis	vinisteis	veníais			
vienen	vengan	vinieron	venían			

Vengo de allí precisamente. Ich komme gerade von dort. – ¿**Vienes** a casa un día? Kommst du uns einmal besuchen? – la semana que **viene** nächste Woche (s. auch § 29)

97 ver (sehen)

Presente ind.	*Presente subj.*	*Indefinido*	*Imperfecto*	*Participio*	*Imperativo*	*Gerundio*
veo	vea	vi	veía	visto		viendo
ves	veas	viste	veías			
ve	vea	vio	veía			
vemos	veamos	vimos	veíamos			
veis	veáis	visteis	veíais			
ven	vean	vieron	veían			

verse = sich treffen. Nos **vemos** mañana. Wir treffen/sehen uns morgen.
Fui a **ver** al tío. Ich ging den Onkel besuchen. – Yo mismo lo he **visto.** Ich selbst habe es gesehen
– A **ver** si ... Mal sehen, ob ...

98 volver (zurückkommen, wiederkommen)

Presente ind.	*Presente subj.*	*Indefinido*	*Imperfecto*	*Participio*	*Imperativo*	*Gerundio*
vuelvo	vuelva	volví	volvía	vuelto	vuelve	volviendo
vuelves	vuelvas	volviste	volvías		volved	
vuelve	vuelva	volvió	volvía		vuelva	
volvemos	volvamos	volvimos	volvíamos		vuelvan	
volvéis	volváis	volvisteis	volvíais			
vuelven	vuelvan	volvieron	volvían			

Julián **volvió** ayer de Madrid. Julián kam gestern aus Madrid zurück. (s. auch § 31)
volver a + Infinitiv = wieder etwas tun: Hoy no **vuelvo** a salir de casa. Heute gehe ich nicht mehr aus dem Haus.

Negation (La negación) §§ 99 - 102

99 no (nein, nicht)

Pepe **no** está en casa.	Pepe ist nicht zu Hause.
No hemos comprado el coche.	Wir haben das Auto nicht gekauft.
No compre esa revista.	Kaufen Sie diese Zeitschrift nicht.

- **No** steht immer vor dem Verb (auch vor dem Hilfsverb oder vor dem Imperativ).
- Einige häufige Wendungen mit **no**:
  ¡Cómo **no**! Selbstverständlich. – Creo que **no**. Ich glaube nicht. – Desde luego que **no**. Mit Sicherheit nicht. – Eso sí que **no**. Das auf gar keinen Fall. ¡**No** faltaba más! Aber natürlich! – **No** hombre, no. Ach, was! – **No**, qué va. Ach was!
- **no … hasta** = „erst“: **No** se casan **hasta** la semana que viene. Sie heiraten erst nächste Woche.

100 nada, nadie, nunca, ninguno (nichts, niemand, niemals, keiner)

No se sabe **nunca.**	Man weiß nie.
Aquí en verano **no** llueve **nunca.**	Hier regnet es im Sommer nie.
No es **nada** grave.	Es ist nichts Schlimmes.
¿**No** quiere **nada** más?	Möchten Sie nichts mehr? Ist das alles?
Creo que **no** hay **nadie** en casa.	Ich glaube, es ist niemand zu Hause.
Un plato roto **no** lo compra **nadie.**	Einen zerbrochenen Teller kauft kein Mensch.

- Stehen **nada, nadie, nunca, ninguno** hinter dem Verb, so muß die zusätzliche Negation **no** vor dem Verb stehen. (s. auch §§ 118–120)
- Einige häufige Wendungen mit **nada:**
  De nada. Keine Ursache. – nada de nada gar nichts – ¡Nada de tarjetas de crédito! Kreditkarten kommen nicht in Frage! – Nada especial. Nichts Besonderes. – Nada más regresar … Kaum war/ist er zurückgenommen … – nada del otro mundo nichts Überwältigendes – sin decir nada ohne etwas/ein Wort zu sagen.

101 «No me lo diga»

¿**No** me das la carta?	Gibst du mir den Brief nicht?
Aún **no** la he leído.	Ich habe ihn noch nicht gelesen.
No me acuerdo del nombre.	Ich erinnere mich nicht an den Namen.
No me lo diga.	Sagen Sie es mir nicht.

- **No** steht im Satz immer vor dem Personal- oder Reflexivpronomen.

102 «Si es muy tarde»

¡Si hay muy poca gente!	Es sind aber wenige Leute da!
Si ya es la una y pico …	Es ist aber schon nach eins …
Si ayer llegó a casa muy tarde.	Er ist gestern ja auch sehr spät nach Hause gekommen.
¡Si ha llegado en dos paquetes!	Es ist aber in zwei Paketen angekommen.

- Sätze mit negativem Inhalt aber ohne Negation können im Spanischen mit dem Wort «si» eingeleitet werden.
- „doch“ nach einer verneinten Frage = «sí»: ¿No tienes ganas? – Sí. Hast du keine Lust? – Doch.

Pronomen (El pronombre) §§ 103 – 128

Personalpronomen (El pronombre personal)

103 Als Subjekt

Sing.	1	**yo**	ich
	2	**tú**	du
	3	**él**	er
		ella	sie
		usted	Sie
Pl.	1	**nosotros**	wir
		nosotras	
	2	**vosotros**	ihr
		vosotras	
	3	**ellos**	sie
		ellas	
		ustedes	Sie

104 Nach einer Präposition

Sing.	1	a **mí**	mich, mir
	2	**ti**	dich, dir
	3	**él**	ihn, ihm
		ella	sie, ihr
		usted	Sie, Ihnen
Pl.	1	**nosotros**	uns
		nosotras	
	2	**vosotros**	euch
		vosotras	
	3	**ellos**	ihnen, sie
		ellas	
		ustedes	Ihnen, Sie

- Die Formen «yo», «tú» ... (§ 103) werden als Subjekt gebraucht.
- Das Personalpronomen als Subjekt wird im Spanischen in der Regel nur dann gebraucht, wenn es betont werden soll.
- Bei **usted, ustedes** (Höflichkeitsform) steht das Verb in der 3. Person Singular oder Plural. Als Abkürzung wird **Vd., Vds.** oder **Ud., Uds.** verwendet. Auch für Personen, die man duzt, wird in Lateinamerika meistens **ustedes** anstatt **vosotros, vosotras** verwendet.

- Die Formen «a mí», «a ti» ... (§ 104) stehen nach Präpositionen *(a, de, por, para ...)*
- Die 1. und 2. Person Singular weisen nach der Präposition *con* eine besondere Form auf: **conmigo, contigo.**

105 Akkusativ des Personalpronomens (Pronombre personal en acusativo)

¿**Me** oyes bien?	Hörst du mich gut?
No, **te** oigo muy mal.	Nein, ich höre dich sehr schlecht.
¿Y el coche? ¿**Lo** dejo aquí?	Und das Auto? Soll ich es hier lassen?
¿Dónde está tu marido? No **le**/**lo** veo.	Wo ist dein Mann? Ich sehe ihn nicht.
Mi cartera ... Mejor **la** llevo, ¿no?	Meine Tasche ... Ich nehme sie lieber mit, nicht wahr?
Tu hermana no está. ¿**La** llamo por teléfono?	Deine Schwester ist nicht da. Soll ich sie anrufen?
¿**Nos** llevas hasta Granada?	Nimmst du uns bis Granada mit?
Pues claro que **os** llevo.	Sicherlich nehme ich euch mit.
¿Dónde están los pasaportes? Yo no **los** tengo.	Wo sind die Pässe? Ich habe sie nicht.
Fernando y Luis trabajan mucho. **Los**/**Les** vi el domingo.	Fernando und Luis arbeiten viel. Ich habe sie am Sonntag gesehen.
¿Llevamos flores? – Mañana temprano **las** compro?	Nehmen wir Blumen mit? – Morgen früh kaufe ich sie.
¿Has visto a las niñas? – No **las** he visto desde ayer.	Hast du die Mädchen gesehen? Ich habe sie seit gestern nicht gesehen.

- Für Personen heißt die männliche Form der 3. Person Singular oder Plural **le, les** (vor allem in Spanien) oder **lo, los** (in Lateinamerika).
- Bei der Anrede fügt man manchmal hinzu: **a usted, a vosotros ... Lo/Le** llamo a usted en seguida. Ich rufe Sie gleich an. Yo **os** llevo **a vosotros** en mi coche. Ich nehme euch in meinem Auto mit.

106 Stellung des Personalpronomens im Akkusativ

A	¿El televisor? Puede poner**lo** en el cuarto de estar. (**Lo** puede poner en el cuarto de estar.)	Der Fernsehapparat? Sie können ihn ins Wohnzimmer stellen.
	No sé si **lo** haré, estoy pensándo**lo.** (**Lo** estoy pensando.)	Ich weiß nicht, ob ich es tun werde, ich überlege es gerade.
B	¿Dónde están las tazas? No **las** veo.	Wo sind die Tassen? Ich sehe sie nicht.
C	¿Dónde están los platos? – **Los** he puesto en el armario.	Wo sind die Teller? – Ich habe sie in den Schrank gestellt.
	¿Has visto la película argentina? – No, no **la** he visto.	Hast du den argentinischen Film gesehen? – Nein, ich habe ihn nicht gesehen.
D	¡Cómpre**lo** mañana! (No **lo** compre.)	Kaufen Sie es morgen! (Kaufen Sie es nicht.)

- Das Personalpronomen im Akkusativ steht (s. auch § 111):
  A hinter dem Infinitiv oder dem Gerundium (in einem Wort – beachten Sie dabei den Akzent!) oder vor dem Hilfsverb.
  B Vor dem konjugierten Verb (aber hinter der Negation).
  C Vor dem Hilfsverb bei zusammengesetzten Zeiten.
  D Hinter der bejahten Imperativform (in einem Wort – beachten Sie den Akzent!).

107 Zusätzliches Personalpronomen im Akkusativ

A Anita no **la** conozco bien.	Anita kenne ich nicht gut.
El futuro **lo** veo muy negro.	Ich sehe für die Zukunft sehr schwarz.

- Wenn das Akkusativobjekt (Person oder Sache) am Anfang des Satzes steht, so wird zusätzlich das Personalpronomen vor das Verb gestellt.

108 Dativ des Personalpronomens (Pronombre personal en dativo)

¿**Me** traes un periódico, por favor?	Bringst du mir bitte eine Zeitung mit?
Te doy cien marcos por tu reloj.	Ich gebe dir hundert Mark für deine Uhr.
La dependienta **le** da el paquete.	Die Verkäuferin gibt ihm das Paket.
Claudio **nos** ha mandado una carta.	Claudio hat uns einen Brief geschickt.
Os doy mi número de teléfono.	Ich gebe euch meine Telefonnummer.
Pedro **les** envía un regalo.	Pedro schickt ihnen ein Geschenk.

109 Stellung des Personalpronomens im Dativ

A	¿Quiere dar**me** ese libro, por favor? (¿**Me** quiere dar ese libro?) Juan está escribiéndo**le** una carta. (Juan **le** está escribiendo una carta.)	Würden Sie mir bitte dieses Buch geben? Juan schreibt ihm gerade einen Brief.
B	¿**Nos** traes algo de España? **Os** traigo algo si tengo dinero.	Bringst du uns etwas aus Spanien mit? Ich bringe euch etwas mit, wenn ich Geld habe.
C	Ya **te** he dado la llave. Carmen no **nos** ha traído los libros.	Ich habe dir den Schlüssel schon gegeben. Carmen hat uns die Bücher nicht gebracht.
D	Dé**me** un café solo, por favor. (No **me** des más café.)	Geben Sie mir bitte einen Espresso. (Gib mir keinen Kaffee mehr.)

- Das Personalpronomen im Dativ steht (s. auch § 111):
  A Hinter dem Infinitiv oder dem Gerundium (in einem Wort) oder vor dem Hilfsverb.
  B Vor dem konjugierten Verb (aber hinter der Negation).
  C Vor dem Hilfsverb bei zusammengesetzten Zeiten (aber hinter der Negation).
  D Hinter der bejahten Imperativform (in einem Wort).

110 Zusätzliches Personalpronomen im Dativ

Laura **le** regala el jersey a su hermana.	Laura schenkt ihrer Schwester den Pullover.
El médico **les** ha dado una medicina a los niños.	Der Arzt hat den Kindern ein Medikament gegeben.
A mí no **me** gusta el té.	Ich mag keinen Tee.

- Vor allem bei der 3. Person wird häufig außer dem Dativobjekt *(a su hermana)* auch das Personalpronomen (**le**) verwendet.

111 Dativ und Akkusativ des Personalpronomens

¿Me das el libro? – No, no **te lo** doy.	Gibst du mir das Buch? – Nein, ich gebe es dir nicht.
¿Y si un ladrón **nos lo** roba todo?	Und wenn uns ein Dieb alles stiehlt?
Nos lo ha regalado Juan. – ¿De verdad **os lo** ha regalado?	Juan hat es uns geschenkt. – Hat er es euch wirklich geschenkt?
¿Le gusta? **Se lo** regalo.	Gefällt es Ihnen? Ich schenke es Ihnen.
Se lo puedo dar por cuatro mil pesetas.	Ich kann es Ihnen für 4000 Peseten geben.

- Wenn in einem Satz zwei Personalpronomen – im Dativ und im Akkusativ – zusammentreffen, steht der Dativ immer vor dem Akkusativ.
- **le, les** wird in diesem Fall stets durch **se** ersetzt.

Reflexivpronomen und reflexives Verb (El pronombre y el verbo reflexivos)

112 lavarse – sich waschen

me lavo	ich wasche mich	**nos** lavamos	wir waschen uns
te lavas	du wäscht dich	**os** laváis	ihr wascht euch
se lava (él, ella, usted)	er/sie wäscht sich/ Sie waschen sich	**se** lavan (ellos, ellas, ustedes)	sie/Sie waschen sich

113 descansar – sich ausruhen

Me llamo Brigitte.	Ich heiße Brigitte.
Nos quedamos aquí un año.	Wir bleiben ein Jahr hier.
¿Os vais la semana que viene?	Geht ihr nächste Woche weg?
Descansa un poco, hijo.	Ruhe dich ein bißchen aus, mein Sohn.

- Manche Verben sind im Spanischen reflexiv, im Deutschen aber nicht – und umgekehrt.

114 Stellung des Reflexivpronomens

A	Voy a queda**rme** aquí quince días.	Ich werde „vierzehn" Tage hier bleiben.
	(**Me** voy a quedar aquí quince días.)	
	Su jefe va a casar**se** en mayo.	Sein Chef wird im Mai heiraten.
	(Su jefe **se** va a casar en mayo.)	
	Tu padre está afeitándo**se.**	Dein Vater rasiert sich gerade.
	(Tú padre **se** está afeitando.)	
B	¿A qué hora **te** levantas?	Um wieviel Uhr stehst du auf?
	Ana no **se** va hasta el lunes.	Ana geht bis Montag nicht weg.
C	Los chicos ya **se** han despertado.	Die Jungen sind schon aufgewacht.
	Pero aún no **se** han levantado.	Sie sind aber noch nicht aufgestanden.
D	¡Quéde**se** un poco más! ¡Siénte**se**!	Bleiben Sie noch ein bißchen! Setzen Sie sich!
	(¡No **se** vaya!)	(Gehen Sie nicht weg!)

- Das Reflexivpronomen steht (s. auch §§ 106–111):
  A Hinter dem Infinitiv oder dem Gerundium (in einem Wort – beachten Sie dabei den Akzent!) oder vor dem Hilfsverb.
  B Vor dem konjugierten Verb (oder hinter der Negation).
  C Vor dem Hilfsverb bei den zusammengesetzten Zeiten (aber hinter der Negation).
  D Hinter der bejahten Imperativform (in einem Wort – beachten Sie den Akzent!).
- „sich die Haare waschen/schneiden lassen" = lavarse/cortarse el pelo.

Demonstrativpronomen (El pronombre demostrativo)

115 este

Sing.	*maskulin*	**este** coche	dieses Auto (hier)
	feminin	**esta** casa	dieses Haus (hier)
	neutral	**esto**	das hier

Pl.	**estos** coches	diese Autos (hier)
	estas casas	diese Häuser (hier)

¿Es de algodón **este** jersey verde?	Ist dieser grüne Pullover aus Baumwolle?
Estos pantalones son de lino.	Diese Hose (hier) ist aus Leinen.
Esta sandía está bien madura.	Diese Wassermelone (hier) ist richtig reif.
¿Qué es **esto**?	Was ist das (hier)?

- **este** bezieht sich auf alles, was in der Nähe des Sprechenden liegt (vgl. **aquí,** §§ 132).
  Beachten Sie: Es handelt sich nicht um eine „physikalische" Regel – Nähe, Entfernung –, denn unabhängig von der Realität können ein Gegenstand oder eine Handlung in der Vorstellung des Sprechenden weit entfernt oder sehr nahe liegen.
- Stehen die weibliche oder männliche Form des Demonstrativpronomens (**este, esta, …, ese, esa …, aquel, aquella …**) ohne Substantiv, so können sie, um Unklarheiten zu vermeiden, einen Akzent tragen.
- **esto, eso, aquello** stehen immer allein.

116 aquel

	maskulin	**aquel** abrigo	jener Mantel		**aquellos** abrigos	jene Mäntel
Sing.	*feminin*	**aquella** blusa	jene Bluse	*Pl.*	**aquellas** blusas	jene Blusen
	neutral	**aquello**	das dort			

¿**Aquel** plato azul? Es danés.	Jener blaue Teller dort? Er ist aus Dänemark.
Aquella jarra con flores es muy cara.	Der Krug mit Blumenmuster dort ist sehr teuer.
Aquellas camisas eran muy elegantes.	Die Hemden dort waren sehr elegant.

- **aquel** bezieht sich auf alles, was weder in der Nähe des Sprechenden noch des Angesprochenen liegt (vgl. **allí**, § 132).

117 ese

	maskulin	**ese** libro	dieses Buch da		**esos** libros	diese Bücher da
Sing.	*feminin*	**esa** revista	diese Zeitschrift da	*Pl.*	**esas** revistas	diese Zeitschriften da
	neutral	**eso**	das da			

Se aprieta **ese** botón y ya está.	Man drückt auf diesen Knopf und fertig.
Los zapatos de **esa** marca son mejores.	Die Schuhe dieser Marke sind besser.
¿Dónde pongo **esos** cuadros?	Wo hänge ich diese Bilder hin?
¡**Eso** sí!	Das ja! Das schon!

- **ese** bezieht sich auf alles, was zwar in der Nähe des Sprechenden, aber nicht greifbar ist (vgl. **ahí**, § 132).

Unbestimmtes Pronomen (El pronombre indefinido)

118 algo etwas – nada nichts

¿Desea usted **algo** más?	Möchten Sie noch etwas?
No, **no** quiero **nada** más, gracias.	Nein, ich möchte nichts mehr, danke.

- Wenn **nada** hinter dem Verb steht, so muß die zusätzliche Negation **no** vor dem Verb stehen (s. auch § 100).

119 alguien jemand – nadie niemand

¿Hay **alguien** en casa?	Ist jemand zu Hause?
No, no hay **nadie.**	Nein, es ist niemand da.
¿Ha comprado **alguien** el coche?	Hat jemand das Auto gekauft?
No, **nadie** lo ha comprado.	Nein, niemand hat es gekauft.
¿Has visto **a alguien?**	Hast du jemanden gesehen?
No, no he visto **a nadie.**	Nein, ich habe niemanden gesehen.

- **Alguien** und **nadie** verwendet man für Personen. Sie sind unveränderlich.
- Steht **nadie** hinter dem Verb, so muß die zusätzliche Negation **no** vor dem Verb stehen. (s. auch § 100).
- Ist **alguien** oder **nadie** Akkusativobjekt, so muß die Präposition **a** davor stehen (s. § 135).

120 alguno, ninguno

alguno, alguna (de)	jemand (von)	**ninguno, ninguna (de)**	niemand (von)
alguno de ustedes	(irgend)einer von Ihnen	**ninguna de** esas cartas	keiner von diesen Briefen.
algún libro	(irgend)ein Buch		
algunos, algunas (de)	einige (von)	**ningún** libro	kein Buch

¿Le queda **alguno de** los jerseys rojos?	Haben Sie noch einen der roten Pullover?
No, de los rojos **no** me queda **ninguno.**	Nein, von den roten ist keiner mehr da.
Pepe **no** tiene **ningún** amigo.	Pepe hat keinen Freund.
¿Tienes **algún** melón?	Haben Sie eine Melone?
No, **no** me queda **ninguno.**	Nein, es ist keine mehr da.
¿Hay **alguna** cabina telefónica por aquí?	Gibt es hier in der Nähe ein Telefonhäuschen?
¿Tienes **algún** libro en español?	Hast du (irgend)ein spanisches Buch?
No, **ninguno.**	Nein, kein einziges.

- **alguno, ninguno** verwendet man sowohl für Personen als auch für Sachen. Sie sind veränderlich (**ningunos/ningunas** wird aber sehr selten gebraucht).
- Steht **alguno** oder **ninguno** vor einem männlichen Substantiv im Singular, so verliert es die Endung **-o**: **algún** día irgendwann, an irgendeinem Tag, **ningún** problema kein Problem.
- Steht **ninguno/ningún/ninguna** hinter dem Verb, so muß die zusätzliche Negation **no** vor dem Verb stehen. (s. auch § 100).

121 no tengo dinero – ich habe kein Geld

No tenemos teléfono todavía.	Wir haben noch kein Telefon.
Paco no tiene coche.	Paco hat keinen Wagen.
No tengo dinero hoy.	Ich habe heute kein Geld.
Aquí no hay hoteles.	Hier sind keine Hotels.

- Der deutschen Negation „kein“ entspricht im Spanischen oft das Wort **no.**

122 todo

todo	alles	**todo el** diccionario	das ganze Wörterbuch
todos, todas	alle	**toda la** gente	alle Leute
		todos los amigos	alle Freunde

Todos estábamos descontentos.	Wir waren alle unzufrieden.
Siempre cenan **todos** juntos.	Sie essen immer alle zusammen.
Ayer pasé **toda la** tarde con los abuelos.	Gestern verbrachte ich den ganzen Abend bei den Großeltern.
Hemos estado **todo el** día en casa.	Wir sind den ganzen Tag zu Hause gewesen.
¿Vais **todos los** años a España?	Fahrt ihr jedes Jahr nach Spanien?
Conoce bien a **todos los** que viven en la casa.	Sie kennt alle Leute gut, die im Hause wohnen.
Pregunta a Martín, él **lo** sabe **todo.**	Frag Martín, er weiß alles.

- Steht **todo, toda, todos, todas** vor einem Substantiv, so wird in der Regel der bestimmte Artikel dazwischen geschoben. (Ausnahmen: Verallgemeinerungen, feste Wendungen: a **todas** horas zu jeder Zeit, ständig, de **todos** modos jedenfalls ...)
- Ist **todo** (alleinstehend) Akkusativobjekt, so steht zusätzlich im Satz das Pronomen **lo.**

123 cada, cada uno – jeder

Cada uno de los niños recibió un regalo.	Jedes Kind bekam ein Geschenk.
En **cada** nido hay siete pájaros.	In jedem Nest sind sieben Vögel.
Vendré a verte **cada** tres días.	Ich werde dich alle drei Tage besuchen.

- **cada** ändert sich nicht.
- Bei **cada uno, cada una** ist «uno» veränderlich.

Relativpronomen (El pronombre relativo)

124 que – der, die, das

La pensión **que** está allí se llama La Valenciana.	Die Pension dort heißt La Valenciana.
La chica **que** está allí es alemana.	Das Mädchen dort ist Deutsche.
Los chicos **que** trabajan en el restaurante se llaman Paco y Luis.	Die Jungen, die im Restaurant arbeiten, heißen Paco und Luis.

125 (todo) lo que – (alles) was

Lo que vimos allí me encantó.	Was wir dort gesehen haben, hat mir sehr gut gefallen.
Cuéntanos **todo lo que** ha pasado.	Erzähl uns all das, was geschehen ist.

Possessivpronomen (El pronombre posesivo)

126 Unbetonte Formen

Sing. 1	mi marido	mein Mann
	mi mujer	meine Frau
2	tu hotel	dein Hotel
	tu oficina	dein Büro
5	su padre	sein/ihr/Ihr Vater
	su madre	seine/ihre/Ihre Mutter

Pl. 1	nuestro coche	unser Auto
	nuestra ciudad	unsere Stadt
2	vuestro abuelo	euer Großvater
	vuestra casa	euer Haus
3	su bolígrafo	ihr/Ihr Kugelschreiber
	su maleta	ihr/Ihr Koffer

- Diese Formen des Possessivpronomens sind unbetont und stehen immer vor dem Substantiv. (Betonte Formen: s. «Eso sí – 2».)
- «**Su** maleta» kann folgende Bedeutungen haben: { „sein“ / „ihr“ (Sing. fem., Pl. mask. + fem.) / „Ihr“ (Sing. und Pl.) } „Koffer“.

Fragepronomen und andere Fragewörter (El pronombre interrogativo – Las partículas interrogativas)

127 qué, quién, cuál …

¿**Qué** país es?	Welches Land ist das?
¿**Qué** hay en el bolso rojo?	Was ist in der roten Tasche?
¿Para **qué** lo has comprado?	Wozu hast du das gekauft?
¿**Quién** es? ¿**Quiénes** son esos chicos?	Wer ist das? Wer sind diese Jungen?
¿De **quién** es ese coche?	Wem gehört dieser Wagen?

¿**Cuál** es la ciudad más importante?	Welches ist die wichtigste Stadt?
¿**Cómo** está usted?	Wie geht es Ihnen?
¿**Cuánto** cuestan hoy las sandías?	Wieviel kosten heute die Wassermelonen?
¿**Cuántos** días os quedáis en Berlín?	Wie lange bleibt ihr in Berlin?
¿**Cuántas** personas van a venir?	Wie viele Personen werden kommen?
¿**Dónde** está Caracas?	Wo liegt Caracas?
¿**De dónde** eres?	Woher kommst (bist) du?
¿**Adónde** vamos el fin de semana?	Wohin gehen/fahren wir am Wochenende?
¿**Por qué** busca trabajo en Salamanca?	Warum sucht er Arbeit in Salamanca?

- **qué** bezieht sich in der Regel auf Sachen (selten auf Personen) und ist unveränderlich.
- **quién, quiénes** bezieht sich ausschließlich auf Personen.
- **cuál, cuáles** bezeichnet eine Auswahl unter mehreren Personen oder Sachen.

128 no sé dónde ...

No sabe **dónde** está la pensión.	Er weiß nicht, wo die Pension ist.
No sé **por qué** se ha ido ni **cuándo** volverá.	Ich weiß weder, warum er weggegangen ist, noch wann er zurückkommen wird.
Roberto nunca nos dice **adónde** va.	Roberto sagt uns nie, wohin er geht.
¿A **cuántos** estamos?	Den wievielten haben wir heute?
¡**Qué** cuadro tan espantoso!	Was für ein fürchterliches Bild!

- Alle Fragewörter haben – auch in indirekten Fragesätzen – einen Akzent. Dies betrifft ebenfalls die Ausrufewörter.
- Einige häufige Wendungen mit «qué» in Ausrufesätzen:
  ¡Qué bien! Wie schön! Prima! ¡Qué desgracia! Welch ein Unglück! ¡Qué envidia! Ich werde neidisch! Hast du es gut! ¡Qué horror! Wie fürchterlich! ¡Qué pena! Wie schade! ¡Qué rollo! Wie lästig! Wie langweilig! ¡Pero qué bien habla español! Sie sprechen aber gut Spanisch!

Adverb (el adverbio) §§ 129 - 133

129 realmente, precisamente

Di **abiertamente** lo que piensas.	Sag (ganz) offen, was du denkst.
Vengo **precisamente** de allí.	Ich komme genau von dort.
Esa ciudad es **realmente** impresionante.	Diese Stadt ist wirklich beeindruckend.
El funcionario nos trató muy **amablemente.**	Der Beamte behandelte uns sehr freundlich.

- In vielen Fällen werden die Adverbien gebildet, indem man die Endung **-mente** an die weibliche Form des Adjektivs anhängt.

130 de repente, con atención

Todos escucharon **con mucha atención.**	Alle hörten sehr aufmerksam zu.
De repente sentí un dolor fuerte.	Plötzlich spürte ich einen starken Schmerz.

- Manchmal entspricht einem deutschen Adverb ein präpositionaler Ausdruck im Spanischen.

131 muy – mucho

A	Esa calle es **muy** larga. Hans habla **muy** bien español.	Diese Straße ist sehr lang. Hans spricht sehr gut Spanisch.
B	Este cuadro me gusta **mucho.** Mi hermano se ha alegrado **mucho.**	Dieses Bild gefällt mir sehr. Mein Bruder hat sich sehr gefreut.
C	En verano hace **mucho** calor aquí. ¿Tienes **mucha** prisa?	Im Sommer ist es sehr heiß hier. Hast du es sehr eilig?
D	– ¿Estás satisfecho ahora? – Sí, **mucho.** (Sí, muy satisfecho.)	– Bist du jetzt zufrieden? – Ja, sehr. (Ja, sehr zufrieden.)

A „sehr" = **muy** vor Adjektiven und Adverbien (in der Grundform).
B „sehr" = **mucho** (unveränderlich) bei einem Verb.
C „sehr" = **mucho, mucha** (veränderlich) vor einem Substantiv.
D „sehr" = **mucho,** wenn das Adjektiv, auf das es sich bezieht, in einer Antwort nicht wiederholt wird.

132 aquí, ahí, allí

Aquí sólo hay dos hoteles.	Hier gibt es nur zwei Hotels.
Ahí vienen Anita y Fernando.	Da kommen Anita und Fernando.
Cerca de **allí** toma el metro.	Dort in der Nähe steigt er in die U-Bahn.

- Das Lokalverb **aquí** wird für all das benutzt, was sich in greifbarer Nähe des Sprechenden befindet (vgl. «este», § 115).
- **ahí** bezieht sich auf all das, was sich in der Nähe des Sprechenden befindet, aber nicht greifbar ist (vgl. «ese», § 117).
- **allí** wird für all das verwendet, was weit weg vom Sprechenden liegt (vgl. «aquel», § 116).

133 Komparativ und Superlativ

A Regelmäßige Formen

Hoy has llegado **más tarde.** Siempre llegas **tardísimo (muy tarde.)** Volveré **lo más pronto** posible.	Heute bist du später gekommen. Du kommst immer sehr spät. Ich werde so bald wie möglich zurückkommen.

- Komparativ und Superlativ des Adverbs werden wie beim Adjektiv gebildet (s. § 18A).
- „so spät/früh wie möglich" = **lo más tarde/pronto posible.**

B bien, mal, mucho, poco

Positiv		*Komparativ*		*Superlativ*	
bien	gut	mejor	besser	lo mejor	am besten
mal	schlecht	peor	schlechter	lo peor	am schlechtesten
mucho	viel	más	mehr	lo más	am meisten
poco	wenig	menos	weniger	lo menos	am wenigsten

Los dos hermanos tocan la guitarra. Andrés toca bien, pero Luis toca **mejor.**	Beide Brüder spielen Gitarre. Andrés spielt gut, aber Luis spielt (noch) besser.
Algunas chicas juegan al fútbol y no juegan **peor** que los chicos.	Einige Mädchen spielen Fußball, und sie spielen nicht schlechter als die Jungen.
Lo mejor que puedes hacer es escribir una carta.	Am besten solltest du einen Brief schreiben.

- Diese vier Adverbien haben unregelmäßige Komparativ- und Superlativformen (s. auch § 18B).

134 Einige adverbiale Ausdrücke

ahora mismo	gleich, sofort	¿de verdad?	wirklich?	por lo demás	sonst
a lo mejor	vielleicht	juntos	zusammen	por supuesto	selbstverständlich
a veces,		más bien	eher	seguro que...	sicher...
algunas veces	manchmal	menos mal que...	ein Glück, daß...	siempre que...	immer wenn...
claro que...	natürlich...	muchas veces	oft	sobre todo	besonders
dentro de poco	bald	por ahora	im Augenblick		
desde luego	sicher	por aquí	hier in der Nähe		

(s. auch §§ 134–138)

Einige wichtige Präpositionen §§ 135 - 138

135 Akkusativ mit „a"

Miguel acompaña **a** Laura.	Miguel begleitet Laura.
– ¿Has visto **a** los niños?	– Hast du die Kinder gesehen?
– **A** Anita sí, pero **a** Pedro no le he visto.	– Anita schon, aber Pedro habe ich nicht gesehen.
– ¿Conoces **a** la novia de Luis? – No, no la conozco.	– Kennst du die Freundin von Luis? – Nein, ich kenne sie nicht.
Antonio mira **a** su novia, pero ella sólo mira los anuncios.	Antonio schaut auf seine Freundin, aber sie sieht nur die Anzeigen.
Muchas personas aman **a** su patria.	Viele Menschen lieben ihr Vaterland.

- Die Präposition **a** steht vor dem Objekt im Akkusativ, wenn es sich um bestimmte Personen, Lebewesen oder personifizierte Begriffe handelt. (Nicht aber, wenn von einer nicht näher bestimmten Person die Rede ist: El hotel busca una nueva recepcionista. Das Hotel sucht eine neue Empfangsdame.)

136 a, de, en

¿Vamos **a** casa?	Gehen wir nach Hause?
¿Has llevado los libros **al** tío?	Hast du dem Onkel die Bücher gebracht?
Andrés es **de** Buenos Aires.	Andrés ist aus Buenos Aires.
Ese libro es **de** Juan.	Dieses Buch gehört Juan.
El jersey es **de** algodón.	Der Pullover ist aus Baumwolle.
Ahora vive **en** Lima, **en** Perú.	Jetzt lebt er in Lima, in Peru.

- Die Präposition **a** bezeichnet hauptsächlich die Richtung (wohin). Sie steht auch immer vor dem indirekten Objekt (Dativ). (s. auch § 133)
- **De** bezeichnet vor allem den Besitz, das Material, den Ort (woher).
- **En** bezeichnet meistens den Ort (wo).

137 a, de, por bei Uhr- und Tageszeiten

Por la mañana, **a** mediodía, **por** la tarde y **por** la noche.	Morgens/vormittags, mittags, nachmittags und abends/nachts.
A las cinco **de** la tarde.	Um fünf Uhr nachmittags.
El tren llega **a** las seis **de** la mañana.	Der Zug kommt morgens um 6 Uhr an.

- Beachten Sie: Die „ungefähre" Uhrzeit wird im Spanischen z. B. mit «hacia», «a eso de», «más o menos a» ausgedrückt.

138 para, por

¿**Para** quién es ese diccionario?	Für wen ist dieses Wörterbuch?
El tren **para** Sevilla sale a las dos.	Der Zug nach Sevilla fährt um 2 Uhr ab.
– ¿Por qué no compras la casa?	– Warum kaufst du das Haus nicht?
– **Por** una razón muy sencilla: **por** falta de dinero.	– Aus einem ganz einfachen Grund: aus Geldmangel.
Mañana **por** la tarde estamos en casa.	Morgen abend sind wir zu Hause.
¿Me vende el plato **por** cinco mil pesetas?	Verkaufen Sie mir den Teller für 5000 Peseten?

- **Para** bezeichnet meistens den Zweck oder das Ziel.
- **Por** wird u. a. für die Bezeichnung der Ursache, der Zeit, des Preises verwendet.

139 antes de, después de – vor, nach

Antes de ir a casa compra el periódico.	Sie kauft die Zeitung, bevor sie nach Hause geht.
Mi padre no llega nunca **antes de** las siete.	Mein Vater kommt nie vor 7 Uhr.
¿Nos vemos **después de** la clase?	Sehen wir uns nach dem Unterricht?
Después de leer el libro me gustaría hablar con vosotros.	Ich möchte mit euch sprechen, nachdem ich das Buch gelesen habe.

- Diese Präpositionen können entweder vor einem Substantiv («antes de la comida») bzw. vor der Uhrzeit oder vor einem Verb im Infinitiv stehen («antes de comer»).

Aussprache und Rechtschreibung §§ 140 – 148

140 Das spanische Buchstabieralphabet (Deletrear en español)

Antonio	**E**nrique	**J**osé	**N**avarra	**R**amón	**W**ashington
Barcelona	**F**rancia	**K**ilo	**Ñ**oño	**S**ábado	**X**iquena
Carmen	**G**erona	**L**orenzo	**O**viedo	**T**arragona	**Y**agüe
Chocolate	**H**istoria	**Ll**obregat	**P**arís	**U**lises	**Z**aragoza
Dolores	**I**nés	**M**adrid	**Q**uerido	**V**alencia	

141 Das spanische Alphabet (El alfabeto español)

a	[a]	a
b	[b] [β]	be
c	[k] [θ]	ce
ch[1]	[c]	che
d	[d] [ð]	de
e	[ɛ]	e
f	[f]	efe
g	[g] [ɣ] [x]	ge
h	–	hache
i	[i]	i
j	[x]	jota
k	[k]	ka
l	[l]	ele
ll[2]	[ʎ]	elle
m	[m]	eme
n	[n] [ŋ] [ɱ] [m]	ene
ñ[1]	[ɲ]	eñe
o	[ɔ]	o
p	[p]	pe
qu	[k]	ku
r	[r] [rr]	erre
rr[3]	[rr]	erre doble
s	[s]	ese
t	[t]	te
u	[u]	u
v	[b] [β]	uve, ve
w	[v]	uve doble, ve doble
x	[ɣs] [s]	equis
y	[i] [ĭ] [ĭ̯]	i griega, ye
z	[θ]	zeda, zeta

1 **ch, ñ** sind im Spanischen eigenständige Buchstaben. In den Wörterbüchern folgt **ch** auf **c, ñ** auf **n.**

2 **ll** ist auch in vielen Wörterverzeichnissen ein eigenständiger Buchstabe (nach **l**). Im Wörterverzeichnis von «Eso sí» erscheint **ll** innerhalb des Buchstaben **l**.

3 **rr** (das nur innerhalb eines Wortes auftaucht) ist ebenfalls ein eigenständiger Buchstabe.

142 Die Vokale (Las vocales)

Vokal	*Laut*	*Beispiele*	*Beschreibung*
a	[a]	**la carta** Brief – **más** mehr	wie dt. **a**lle
e	[ɛ] [e]	la **te**le Fernsehen – **tres** drei l**e**jos weit – el p**e**rro Hund	wie dt. l**e**sen, etwas offener wie dt. B**ä**cker, etwas offener
i, y	[i]	aqu**í** hier – el d**i**sco Schallplatte Juan **y** Ana	wie dt. M**i**tte
o	[ɔ] [o]	la c**o**sta Küste – ah**o**ra jetzt el c**o**che Auto – d**o**s b**o**ls**o**s zwei Taschen	wie dt. **o**ffen wie dt. R**o**se, etwas offener
u	[u]	d**u**ro hart – B**u**rgos, C**u**ba	wie dt. **U**fer

- **a, e, i, o, u,** die spanischen Vokale, werden immer halbkurz gesprochen.
- **u** wird vor «e», «i» und nach «g» und «q» nicht ausgesprochen: Miguel; el guía Fremdenführer el queso Käse, quince fünfzehn.

143 Die Diphthonge (Los diptongos)

aire	Luft	d**ia**mante	Diamant	ag**ua**	Wasser
h**ay**	es gibt	b**ie**n	gut	b**ue**no	gut
autobús	Bus	lab**io**	Lippe	L**ui**s	Ludwig
oigo	ich höre	c**iu**dad	Stadt	m**uy**	sehr
h**oy**	heute			c**uo**ta	Quote

- Ein Diphthong besteht aus zwei Vokalen, die im Spanischen sehr eng miteinander verbunden sind und eine Silbe bilden. Diphthonge werden immer kurz ausgesprochen.
- Auch die Verbindung **ui, uy** bildet einen Diphthong.
- Wenn ein Akzent auf **i** oder **u** steht, so handelt es sich nicht um einen Diphthong: día Tag, Raúl, huí ich flüchtete werden als zwei Silben gesprochen.

144 Die Konsonanten (Las consonantes)

- Die hier angegebene Aussprache entspricht der des „Standard-Spanischen". (Es gibt zahlreiche Varianten innerhalb Spaniens und Lateinamerikas.)
- Die Konsonanten «b», «d», «g», «k», «p», «t» sind weicher als im Deutschen und werden nicht aspiriert.
- Die Konsonanten «f», «l», «m» werden wie im Deutschen ausgesprochen.
- «w» kommt im Spanischen nur in Fremdwörtern vor und wird in der Regel wie in der jeweiligen Sprache ausgesprochen.

Konsonant	*Beschreibung der Aussprache*	*Beispiele*		*Laut*
b, v	Am Anfang und nach «m» oder «n». Etwas weicher als in **B**aum und nicht aspiriert. Beachte: zwischen **b** und **v** gibt es im Spanischen keinen Unterschied in der Aussprache.	**v**amos **B**olivia tam**b**ién in**v**ierno en **B**arcelona en **V**alencia	gehen wir Bolivien auch Winter in Barcelona in Valencia	[b]
b, v	In allen anderen Fällen. Viel weicher.	Cu**b**a a **V**alencia en **b**arco	Kuba nach Valencia mit dem Schiff	[β]

Konsonant	*Beschreibung der Aussprache*	*Beispiele*		*Laut*
c	Vor «e» und «i». Etwas schärfer als im engl. «thing». Beachte: in ganz Lateinamerika, auf den Kan. Inseln und in Südspanien wird dieses «c» wie ein spanisches «s» ausgesprochen.	**c**in**c**o on**c**e **c**iudad Bar**c**elona **c**ero	fünf elf Stadt Barcelona Null	[θ]
c	In allen anderen Fällen. Etwas weicher als das deutsche **k**ran**k** und nicht aspiriert.	**C**armen **C**ristóbal **C**olón **c**laro	Carmen Christoph Kolumbus klar	[k]
ch	Wie das engl. «mu**ch**» oder das ital. «**c**ento».	**Ch**ile co**ch**e	Chile Auto	[c]
d	Am Anfang und nach «l» oder «n». Etwas weicher als das dt. **D**orf und nicht aspiriert.	¿**D**ón**d**e? fal**d**a un **d**isco	Wo? Rock eine Schallplatte	[d]
d	In allen anderen Fällen. Viel weicher.	na**d**a ¿A**d**ónde? los **d**iscos	nichts Wohin? die Schallplatten	[ð]
g	Vor «e» oder «i». Wie im dt. Da**ch**, ma**ch**en (und wie das spanische «j»).	Ar**g**entina **G**ibraltar la **g**ente	Argentinien Gibraltar die Leute	[x]
g	Am Anfang und nach «n». Etwas weicher als dt. **g**anz, **G**itarre.	¡**G**racias! ten**g**o un **g**ato	Danke! ich habe eine Katze	[g]
g	In allen anderen Fällen. Viel weicher.	Má**g**a**g**a ne**g**ro ¡Muchas **g**racias!	Malaga schwarz Vielen Dank!	[ɣ]
h	Das span. «h» wird nie ausgesprochen.	**h**ombre	Mann	
j	Wie im dt. Da**ch** (und wie das spanische «g» vor «e» oder «i»).	**J**uan naran**j**a	Johannes Apfelsine	[x]
k	Etwas weicher als das dt. **k**ran**k** und nicht aspiriert. («K» kommt im Spanischen nur in Fremdwörtern vor.)	**k**ilo **k**ilómetro	Kilo Kilometer	[k]
ll	Wie ital. «figlio». Beachte: in fast allen Ländern Lateinamerikas, auf den Kan. Inseln und in Madrid wird **ll** wie ein span. «y» vor einem Vokal ausgesprochen (s. unten).	Sevi**ll**a la ca**ll**e **ll**evar e**ll**a	Sevilla die Straße hinbringen sie	[ʎ]
n	Vor «b», «v», «p», «m». Wie «m».	u**n** baño e**n**vidia u**n** perro	ein Bad Neid ein Hund	[m]
n	In allen übrigen Fällen. Wie im dt. **N**ase.	u**n**a **n**oche **n**ariz	eine Nacht Nase	[n]
p	Etwas weicher als im dt. **P**eter und nicht aspiriert. Beachte: in einigen Wörtern wird «p» vor «t» fast nie ausgesprochen: septiembre September (es wird auch «setiembre» geschrieben); séptimo siebter.	**p**ero **p**adre ca**p**a	aber Vater Umhang	[p]

▶

Konsonant	*Beschreibung der Aussprache*	*Beispiele*		*Laut*
qu	Etwas weicher als im dt. «k» und nicht aspiriert.	Enri**qu**e **qu**ince el **qu**eso	Heinrich fünfzehn der Käse	[k]
r	Zwischen Vokalen. Kurzes und leichtes «r» (mit der Zungenspitze).	ca**r**o pe**r**o	teuer aber	[r]
r	Vor oder nach Konsonanten und am Ende eines Wortes.	t**r**es cont**r**a ve**r** dolo**r**	drei gegen sehen Schmerz	[ɹ]
r	Am Anfang eines Wortes und nach «l», «n», «s». Stark gerolltes «r» (mit der Zungenspitze).	**r**evista En**r**ique los al**r**ededores	Zeitschrift Heinrich die Umgebung	[rr]
rr	Stark gerolltes «r» (mit der Zungenspitze).	pe**rr**o bu**rr**o	Hund Esel	[rr]
s	Wie im dt. la**ss**en (aber etwas stärkeres Zischen).	el **s**ol Bueno**s** día**s**. **s**eñor	die Sonne Guten Morgen. Herr	[s]
t	Etwas weicher als im dt. **T**ür und nicht aspiriert.	**t**ambién bo**t**ella	auch Flasche	[t]
x	Im allgemeinen wird **x** – vor allem in der Umgangssprache – wie ein spanisches «s» ausgesprochen. Beachte: «México» wird «Méjico» ausgesprochen.	e**x**amen e**x**acto te**x**to e**x**portar	Prüfung genau Text exportieren	[s] [ɣs]
y	Vor einem Vokal. Stärker als im dt. **j**a (mit leichtem Geräusch zwischen Gaumen und Zunge). Beachte: am Ende eines Wortes oder eines Diphthongs ist «y» = «i» (s. § 142).	**y**o desa**y**uno ma**y**o **Y**ugoslavia	ich Frühstück Mai Jugoslawien	[j]
z	Etwas schärfer als im engl. «**th**ing» (und wie das spanische «c» vor «e» und «i»). Beachte: in ganz Lateinamerika, auf den Kan. Inseln und in Südspanien wird «z» wie ein spanisches «s» ausgesprochen.	**z**apato **Z**arago**z**a a**z**úcar	Schuh Saragossa Zucker	[θ]

145 Betonung (La acentuación)

A	bolso puerta	Tasche Tür	hablan tebeo	sie sprechen Comic-Heft	farmacia gracias	Apotheke danke	bolsos julio	Taschen Juli
B	señor comprar	Herr kaufen	azul jerez	blau Sherrywein	Gibraltar querer	Gibraltar wollen	hotel soñar	Hotel träumen
C	aquí compré	hier ich kaufte	también avión	auch Flugzeug	cantáis teléfono	ihr singt Telefon	Málaga Cádiz	Malaga Cadiz

A Wörter, die auf Vokal, auf «n» oder «s» enden, werden auf der vorletzten Silbe betont. (Diphthonge bilden nur eine Silbe, s. § 142.)

B Wörter, die auf Konsonant (außer «n» oder «s») enden, werden auf der letzten Silbe betont.

C Eine andere Betonung bedarf stets des graphischen Akzents (´).

146 Akzent (El acento)

A	¿Qué?	Was?	¿Dónde?	Wo?	¡Qué bien	Wie schön!	¡Cuánto!	Wieviel!
	¿Cómo?	Wie?	¿Por qué?	Warum?	¡Qué pena!	Wie schade!		
B	tú	du	(aber: tu – dein		sé	ich weiß	(aber: se – sich	
	mí	mich, mir	mi – mein		sí	ja	si – wenn	
	él	er	el – der		más	mehr	mas – aber	
	té	Tee	te – dich, dir)		¡dé!	geben Sie!	de – von)	
C	día	Tag	(vgl. viaje – Reise		grúa	Kran	(vgl. guapo – hübsch	
	país	Land	vais – ihr geht)		río	Fluß	labio – Lippe)	

A Fragewörter (und Ausrufewörter) haben immer einen Akzent.
(Dies betrifft auch „indirekte" Fragen und Ausrufe: Dinos cuándo vas a volver. Sag uns, wann du zurückkommen wirst. No sabes cuánto cuesta. Du weißt nicht, wie teuer es ist.)

B Einige einsilbige Wörter tragen je nach Bedeutung (und zur Unterscheidung) einen Akzent.
(Stehen «este ..., ese ..., aquel ...» allein, so können sie – müssen aber nicht – einen Akzent tragen: s. §§ 115–117. Dasselbe gilt auch für «sólo» nur.) «Esto, eso, aquello» tragen nie einen Akzent.
(Großbuchstaben können – müssen aber nicht – nach diesen Regeln – §§ 144–145 – einen Akzent tragen).

C «i» oder «u» tragen einen Akzent in Vokalverbindungen, wenn es sich nicht um einen Diphthong handelt (s. § 142).

147 Bindung (La Sinalefa)

Tengo‿un libro‿interesante para‿usted.	Ich habe ein interessantes Buch für Sie.
Ahora va‿a‿hablar Carmen.	Jetzt wird Carmen sprechen.
Mañana‿a la‿una va‿a‿ir a la‿Habana.	Morgen um eins wird er nach Havanna fahren.
Los‿otros‿hombres‿están‿allí.	Die anderen Männer sind dort.
Van‿a Buenos‿Aires.	Sie fahren nach Buenos Aires.

- Vokale, die aufeinander folgen, auch wenn sie zu verschiedenen Wörtern gehören, werden im Spanischen in der Regel miteinander verbunden.
- Dasselbe gilt für einen Schlußkonsonant und den darauf folgenden Vokal.

148 Satzzeichen (Los signos de puntuación)

.	el punto	¿ ?	la interrogación	« »	las comillas
,	la coma	¡ !	la exclamación	´	el acento ortográfico
;	el punto y coma	( )	el paréntesis	˜	la tilde
:	los dos puntos	–	la raya		
...	los puntos suspensivos	-	el guión		

– ¡Hola! ¿Qué tal? – Muy bien, ¿y tú?	– Hallo! Wie geht es? – Sehr gut, und dir?
Perdón, señor, ¿hay un hotel por aquí?	Entschuldigung, ist hier in der Nähe ein Hotel?
El avión para Cádiz, ¿qué puerta es?	Welches ist der Ausgang zum Flugzeug nach Cádiz?

- Frage- und Ausrufezeichen stehen im Spanischen vor und hinter der Frage oder dem Ausruf.
Das Anfangszeichen (¿, ¡) steht unmittelbar vor dem Anfang der Frage oder des Ausrufes.

149 Einige orthographische Veränderungen (Algunos cambios ortográficos)

A	una ve**z**	einmal	a ve**c**es	manchmal	empe**z**ar	beginnen	empe**c**é	ich begann
B	lle**g**o	ich komme an	lle**gu**é	ich kam an	pa**g**ar	bezahlen	pa**gu**é	ich bezahlte
C	sa**c**ar	herausholen	sa**qu**é	ich holte heraus	ata**c**ar	angreifen	ata**qu**é	ich griff an
D	o**í**r	hören	¡O**y**e!	¡Hör mal!	constru**i**r	bauen	constru**y**o	ich baue

A **z** → **c** vor «e»
B **g** → **gu** vor «e»
C **c** → **qu** vor «e»
D **i** → **y** zwischen Vokalen

E	famosos **e** importantes	berühmt und wichtig
	padres **e** hijos	Eltern und Kinder
F	siete **u** ocho	sieben oder acht
	Francia **u** Holanda	Frankreich oder Holland

E Das Wort **y** wird zu **e** vor Wörtern, die mit «i» oder «hi» beginnen.
F Das Wort **o** wird zu **u** vor Wörtern, die mit «o» oder «ho» geginnen.
(Das Wort **o** bekommt einen Akzent zwischen zwei Ziffern: 5 ó 6.)

Sachregister zur Grammatik

Die Zahlen verweisen auf die Paragraphen im Grammatikteil.

Wörterverzeichnis

Das Wörterverzeichnis nach Lektionen finden Sie im Arbeitsbuch.
Die Zahlen verweisen auf die Lektion, in der ein Wort erstmals erscheint.
A*, B*, C*, D* = fakultative Lektionen (Seiten 89–104 in diesem Buch).
(ie); (ue) = Verben mit unregelmäßigen Präsensformen.
ch und **ll** finden Sie, im Gegensatz zu den meisten spanischen Wörterbüchern, innerhalb von **c** und **l**,
ñ folgt auf **n**.
Vokabular und Erläuterung zu den Sprichwörtern finden Sie auf Seite 183.

A

a nach 6; zu 12; an 15; um 20
a buen precio zu einem guten Preis 25
a casa nach Hause 6
a casa de los Sánchez zu den Sánchez 12
a eso de etwa um 21
a la derecha (de) rechts (von) 18
a la izquierda (de) links (von) 18
a la oficina ins Büro 6
a las dos um zwei Uhr 20
a lo mejor vielleicht 20
a mí mir 36
a orillas (de) am Ufer 25
a orillas del río Tormes am Tormesufer (gelegen) 15
a pesar de trotz 30
a pesar de todo trotzdem 30
a pie zu Fuß 7
¿A qué hora? Um wieviel Uhr? 25
a unos kilómetros einige Kilometer entfernt C*
a ver mal sehen ... 4
A ver si hay suerte. Mal sehen, ob ich (damit) Glück habe. 11
abandonado verlassen; nicht beachtet A*
abierto *(Partizip Perfekt abrir)* geöffnet 35
el **abonado** *hier:* (Fernsprech-)Teilnehmer 23
el **abrazo** Umarmung 22
Un fuerte abrazo de ... Es umarmt Euch ... 22
el **abrigo** Mantel 30
abril April 14
abrir öffnen 33
abrochar zuknöpfen; *hier:* anschnallen 32
llevar abrochado el cinturón de seguridad den Sicherheitsgurt angelegt haben 32
la **abuela** Großmutter 19
la **abuelita** Oma 19
el **abuelo** Großvater 27
los **abuelos** Großeltern 27
abundante reich(haltig) D*
abundar reichlich vorhanden sein D*
aburrido langweilig 10
el **abuso** Mißbrauch B*
a.C. = antes de Cristo vor Christi Geburt B*
acabar de + *Infinitiv* gerade (etwas) getan haben 31
Las rebajas acaban de empezar. Der Ausverkauf hat gerade begonnen. 31
la **academia** (Privat-)Schule 27
la academia nocturna Abendschule 27
el **acantilado** Steilküste C*
el **aceite** Öl 5
la **aceituna** Olive B*
acompañar begleiten 27
acordarse *(ue)* **de algo** sich an etwas erinnern 36
acostarse *(ue, me acuesto)* schlafen gehen 22
activo aktiv, lebhaft 8
el **acueducto** Aquädukt A*
De acuerdo. Einverstanden. 35
estar de acuerdo einverstanden sein 40
¡Adelante! *etwa:* Kommen Sie herein! 23
además außerdem 14
además de außer 5
además de tener ... *etwa:* Sie haben nicht nur ... 30
Adiós. Auf Wiedersehen. 1
la **adivinanza** Rätsel 28
¿adónde? wohin? 12
adornado verziert 30
adornar schmücken 30
la **aduana** Zoll 4
el **aeropuerto** Flughafen 3
las **afueras** *hier:* äußeres Stadtgebiet 23
la **agencia** Agentur 14
la **agencia de viajes** Reisebüro 14
agosto August 14
agrícola landwirtschaftlich B*
el **agricultor** Landwirt B*
la **agricultura** Landwirtschaft A*
los **agrios** Zitrusfrüchte B*
el **agua** *(f)* Wasser 17, 28
agua potable Trinkwasser B*
agua mineral Mineralwasser 17
agua salada Salzwasser B*
el **aguardiente** Schnaps D*
la **aguja** (Strick-)Nadel B*
¡ah! ach! 3
Ah, bueno. Na, gut. 4
¡Ah, no! Oh, nein! 34
ahí da, dort 4
ahí enfrente dort gegenüber 6
ahora jetzt 8
ahora mismo jetzt, sofort 23
por ahora einstweilen 35
ahorrador, -a sparsam C*
el **aire** Luft A*
aislar isolieren D*
al = a + el 6, 11, 12
al lado de neben 17
al menos zumindest C*
al mes im Monat 11
al norte (de) nördlich (von) A*
al oeste (de) westlich (von) A*
al otro lado auf der anderen Seite 23
al sur (de) südlich (von) A*
Alba de Tormes *kleine Stadt in der Provinz Salamanca* 30

Albania Albanien 2
La Alberca *malerischer Ort in der Provinz Salamanca* 15
La Alcazaba *Reste der alten Königsburg nahe der Alhambra* 37
alegrarse de algo sich über etwas freuen 37
Se alegra mucho. Er/Sie freut sich sehr. 37
alemán deutsch 8
el **alemán,** la **alemana** Deutscher, Deutsche C*
a la alemana auf deutsche Art B*
Alemania Deutschland 2
L'Alfàs *Ortschaft in der Provinz Alicante* C*
el **alfiler** Stecknadel 34
No cabe ni un alfiler. Da paßt nicht einmal mehr eine Stecknadel rein. 34
algo etwas 4
algo así so ähnlich 38
algo de comer etwas zu essen 19
¿Algo más? Sonst noch etwas? 4
el **algodón** Baumwolle 31
alguien jemand 34
alguien más noch jemand 34
algún irgendein 39
alguno irgendeiner 16
algunos einige 16
Algunos sí hablan español. Einige sprechen schon Spanisch. C*
La Alhambra *arabischer Palast oberhalb Granadas* B*
Alicante *Stadt in der Region Valencia* C*
alicantino aus Alicante C*
allí dort 6
el **almacén** Lager(haus) D*
Almagro *Stadt in der Provinz Ciudad Real (Castilla-La Mancha)* 16
Almería *Stadt in Südspanien* 39
Almonacid del Marquesado *Ortschaft in der Provinz Cuenca (Castilla-La Mancha)* 16
almorzar *(ue)* zu Mittag essen 21
alrededor de um ... herum 8; etwa C*
los **alrededores** Umgebung 16
alto groß 18; hoch A*
alucinante verblüffend 29
¡Alucinante, vaya! Schlicht und einfach verblüffend! 29
el **alumno** Schüler 40
amable liebenswürdig 7
el **amante** Liebhaber C*

amarillo gelb 6
América Latina Lateinamerika 2
americano amerikanisch 10
el **amigo** Freund 13
Amparo *weiblicher Vorname* (= María Amparo) 27
el **analfabetismo** Analphabetentum 40
"andalanes" *volkstümliche Bezeichnung für die Andalusier, die in Katalonien eingewandert sind* C*
Andalucía Andalusien 5
andaluz, -a andalusisch 16
el **andaluz** Andalusier C*
los **Andes** Anden 40
Andorra *Kleinstaat in den östl. Pyrenäen* 5
animado lebhaft 40
el **animal** Tier 30
el **anís** Anis D*
antes vorher 24
antes de bevor 10
antes de ir a casa bevor sie nach Hause geht 10
Antes de ir al trabajo ... Bevor sie arbeiten geht ... 17
antiguo alt 16
el **anuncio** Anzeige 11
añadir hinzufügen 40
el **año** Jahr 13
el **Año Nuevo** Neujahr 16
el **Añoviejo** Silvester 16
Aoíz *Dorf in Navarra* D*
apacible friedlich A*
el **aparcamiento** Parkplatz 18
aparcar parken 18
Están aparcando. Sie parken gerade. 35
el **apellido** Nachname 27
apenas kaum B*
aprender lernen 22
apretar *(ie)* drücken 30
aprieta *(Präs. apretar)* er/sie drückt 30
aprox. = aproximadamente ungefähr 13
aquel jener 38
aquella jene 38
aquí hier 7
Aquí tiene. Bitte sehr. 39
por aquí (cerca) hier in der Nähe 7
el/la **árabe** Araber/in B*
árabe arabisch B*
Aragón Aragonien *(autonome Region)* A*
el **árbol** Baum 28

Argentina Argentinien 2
el **arma** *(f)* Waffe 40
el **armario** Schrank 35
arqueológico archäologisch 19
arraigado verwurzelt A*
arriba oben 34
el **arroz** Reis B*
el **arte** Kunst 8
La **Ascensión** Christi Himmelfahrt 16
el **ascensor** Fahrstuhl 34
el **aseo** Sauberkeit 4
el aseo personal Körperpflege 13
así so 13
algo así so ähnlich 38
Así está bien. Es ist gut so. 19
así que *hier:* deswegen 37
el/la **asistente** Pfleger/in 32
el **aspecto** Aspekt 40
el **aspersor** (Rasen)Sprenger; Berieselungsanlage A*
el **astillero** Werft D*
Asturias Asturien *(autonome Region in Nordspanien)* 25
La **Asunción** Mariä Himmelfahrt 16
Atenas Athen 2
la **atención** Aufmerksamkeit A*
llamar la atención die Aufmerksamkeit auf sich ziehen A*; Aufmerksamkeit erregen C*
el **(Océano) Atlántico** Atlantischer Ozean 2
atractivo reizvoll 16
atravesar durchqueren D*
la/el **ATS = asistente técnico sanitario** Krankenpfleger, -schwester 32
aún noch 37
aunque obwohl 19; auch wenn 28
el **auricular** Telefonhörer 23
Austria Österreich 2
el **autobús** Autobus 6
en autobús mit dem Bus 6
autodefinirse sich selbst zuordnen C*
automáticamente automatisch D*
el/la **automovilista** Autofahrer/in 32
la **"Autonomía"** autonome Region A*
autónomo selbständig 19; eigenständig, autonom D*
el **autor** Autor A*
el **auxilio** Hilfe 32
los primeros auxilios Erste Hilfe 32
el **avance** Vormarsch; Vorrücken A*

el **avión** Flugzeug 3
avisar benachrichtigen 32
el **aviso** Anzeige 11
¡Ay, sí! Ach, ja! 15
ayer gestern 25
ayudar helfen 32
azul blau 18

B

el **Bachillerato** Abitur 17
bajar *hier:* hinunterfahren 36
el **(mar) Báltico** Ostsee 2
el **banco** Bank 4
el **bar** *eine Art* Imbißstube; Cafeteria 7
baratísimo sehr billig 37
barato billig 18
la más barata die billigste 30
las más baratas die billigsten 31
la **barca** (Fischer-)Boot 24
Barcelona *Hauptstadt Kataloniens* 3
la **barra** Theke 17
el **barrio** Stadtteil, Viertel 30
el **barro** Töpfererde, Ton 30
la **base** *hier:* Grundstock B*
bastante ziemlich 18
beber trinken 19
la **bebida** Getränk 17, D*
la **beca** Stipendium 22
Bélgica Belgien 2
Belgrado Belgrad 2
la **belleza** Schönheit A*
bello schön A*
Benidorm *Touristenhochburg in der Provinz Alicante* C*
Berlín Berlin 2
Berna Bern 2
el **beso** Kuß 22
la **biblioteca** Bücherschrank; Bibliothek 13
la **bicicleta** Fahrrad 18
bien gut 1
Está bien. Ist gut (so). 9
¡Qué bien! Wie schön! 14
¡Qué bien vive! Dem geht es gut! 39
Bilbao *Stadt im Baskenland* 4
el **billete de avión** Flugschein 33
blanco weiß 16
la **blusa** Bluse 4
Boabdil (-1527) *letzter König der Mauren* A*
el **bocadillo** belegtes Brot 17
la **boda** Hochzeit 38
la **boina** Baskenmütze 18
el **boli, el bolígrafo** Kugelschreiber 18
Bolivia Bolivien 2
la **bolsa** Beutel, Tasche 33
el **bolso** (Hand-)Tasche 4
la **bombilla** Glühbirne 36
la bombilla de 60 (vatios) 60-Watt-Glühbirne 36
bonito schön, hübsch 5
¡Qué bonita postal! Was für eine schöne Postkarte! 19
¡Qué día tan bonito! Was für ein schöner Tag! 28
el **bosque** Wald D*
la **botella** Flasche 33
la botella de Rioja Flasche Rioja-Wein 33
el **botijo** *Trinkkrug aus Ton oder Keramik* 30
el **botón** Knopf 30
la(s) **braga(s)** Schlüpfer 30
Brasil Brasilien 2
el **brazo** Arm 26
la **brecha** *hier:* Platzwunde 32
brevísimo sehr kurz B*
la **broma** Scherz, Witz 22
Bruselas Brüssel 2
buen(o) gut 4, 28
¡Buena idea! Gute Idee! 11
Buenas noches. Guten Abend./ Gute Nacht. 1
Buenas tardes. Guten Tag./ Guten Abend. 1
Buen(o). Nun./Also. 5
Bueno, no. Das heißt, nein. 4
Buenos días. Guten Tag./Guten Morgen. 1
Buenos Aires *Hauptstadt Argentiniens* D*
Bulgaria Bulgarien 2
Burgos *Stadt in Castilla-León* 19
buscar suchen 7; abholen 25
ir a buscar abholen 25
la **butaca** Sessel; *hier:* Sitzplatz 13
el **buzón** Briefkasten 15

C

¡Caballero! Mein Herr! A*
el **caballo** Pferd D*
caber Platz haben 34
No cabe ni un alfiler. Da paßt nicht einmal mehr eine Stecknadel rein. 34
la **cabeza** Haupt 26
la **cabina** Telefonzelle 23
cada jede/r/s 28
cada cual ein jeder 28
el **café** Kaffee 17
el café con leche Kaffee mit (viel) Milch 17
el café cortado Espresso mit Milch 17
el café solo Espresso (ohne Milch) 17
la **cafetería** Cafeteria 17
la **caja** Kasse 10; Kiste 25
estar en la caja an der Kasse sitzen 10
la **cajera** Kassiererin 10
Calaceite *Dorf in der Provinz Teruel, Aragón* A*
el **calamar** Tintenfisch C*
los **calcetines** Socken 30
calentar warm machen 33
calentarse *(ie)* warm werden 33
la **calidad** Qualität 31
la **calle** Straße 7
el **calor** Wärme; Hitze 28
calzar: ¿Qué número calza? Welche Schuhgröße haben Sie? 31
el **calzoncillo** Unterhose 30
la **cama** Bett 13
el **camarero** Kellner 19
¡Camarero, por favor! Herr Ober, bitte! 19
cambiar wechseln 4; sich ändern 25
cambiar marcos en pesetas DM in Peseten einwechseln 4
el **cambio** Wechsel(geld) 13
Cambio-16 *spanische Zeitschrift* 13
el **camino** Weg 16
por el camino unterwegs 38
el Camino de Santiago Jakobsweg 16
el **camión** Lastwagen 36
la **camisa** Hemd 30
el **campesino** Bauer 36
el **cámping** Campingplatz 24
el **campo** Land 27
el **canal** Kanal B*
el canal de riego Bewässerungskanal B*
las **(Islas) Canarias** Kanarische Inseln 4
Cangas de Onís *kleine Stadt in Asturien* 22
cansado müde 9
cansarse müde werden A*
Uno se cansa. Man wird müde. A*

Cantabria autonome Region in Nordspanien D*
el **(mar) Cantábrico** Golf von Biskaya 2
el **cántaro** Krug 28
la **capital** Hauptstadt 5
el **capitel** Kapitell C*
el **capó** Motorhaube 23
la **cara** Gesicht 25; Miene, Aussehen 28
Tiene otra cara. Er/Sie sieht anders aus. 28
Tienes cara de cansado. Du siehst müde aus. 25
Dos caras de la misma moneda. Die beiden Seiten der Medaille. 40
¡Caramba! Donnerwetter! 20
el **carbón** Kohle D*
el **(mar) Caribe** Karibisches Meer 2
Carlos I (1500–1558) Karl I. *(von Spanien; und V. von Deutschland)* B*
el **Carnaval** Karneval, Fasching 16
el **carnet** Ausweis(karte) 9
el **carnet de identidad** Personalausweis 9
caro teuer 18
La Carolina *Dorf in der Provinz Jaén (Andalusien)* B*
la **carpeta** Schreibmappe 18
la **carpintería** Schreinerei 37
la **carretera** Landstraße 8
el **carrito** (Einkaufs-)Wagen 30
la **carta** Brief 15
las **cartas** (Spiel-)Karten 27
jugar a las cartas Karten spielen 27
la **cartera** Tasche 32
la **casa** Haus 6, 10
a casa nach Hause 6
Casa de las Conchas *berühmtes Gebaude in Salamanca, dessen Fassade ca. 400 Muscheln schmücken* 18
casa de modas Modehaus 31
en casa de bei 10
ir a casa de alguien jdn besuchen 12
pasar por casa de … bei … vorbeigehen 37
casado verheiratet 25
estar casado verheiratet sein 25
casarse heiraten 34
la/el **casete** Kassette 4
casi fast 14
el **castellano** Kastilisch; Spanisch *(Sprache)* 5
castellano aus Kastilien 19
Castellón *Stadt in der Region Valencia* C*
Castilla Kastilien 28
Castilla la Nueva Neukastilien A*
Castilla la Vieja Altkastilien A*
Castilla-La Mancha *autonome Region* A*
Castilla-León *autonome Region* A*
el **castillo** Schloß; Burg A*
el **catalán** Katalanisch (Sprache); Katalane 5
"cataluces" *volkstümliche Bezeichnung für die Andalusier, die in Katalonien eingewandert sind* C*
Cataluña Katalonien 5
la **catedral** Kathedrale 15
católico katholisch 26
no estar católico nicht auf dem Damm sein 26
catorce vierzehn 13
la **caza** Jagd 27
ir de caza auf die Jagd gehen 27
la **cazadora** Wind-, Lederjacke 30
celebrar feiern 33
la **cena** Abendessen 10
cenar zu Abend essen 10
centenario Hundert- C*
central Haupt- 38
centralista zentralistisch D*
el **centro** Mitte, Zentrum 5
el centro turístico Touristenhochburg B*
centroeuropeo mitteleuropäisch B*
la **cepa** Rebstock; *hier:* Ursprung 19
de pura cepa waschecht 19
la **cerámica** Keramik 30
cerca in der Nähe 7
cerca de nahe bei 5; etwa D*
el **cerdo** Schwein 36
los **cereales** Getreide B*
el **cero** Null 8
cerrado verschlossen C*
cerrar *(ie)* schließen 20
Cervantes, Miguel de (1547–1616) *span. Schriftsteller* 7
la **cerveza** Bier 17, 19
la **cesta** Korb 36
Ceuta *Stadt in Nordafrika (in span. Besitz)* 25
la **chaqueta** Jacke 4; Sakko 30
charlar plaudern 25
Checoslovaquia Tschechoslowakei 2
Chiapas *Staat im Südosten Mexikos mit bedeutenden präkolumbischen Stätten* B*
la **chica** Mädchen 1
el **chico** Junge 17
Chile Chile 40
chocar stoßen 32; erschüttern 40
el **chocolate** Schokolade 9
el **chófer** Fahrer 37
chorizo *Art* Paprikawurst 17
Chsss … Pst … 19
el **churro** *in Öl gebackener Kringel* 17
el **cielo** Himmel 22
la **ciencia** Wissenschaft 40
las **Ciencias Sociales** Sozialkunde(unterricht) 40
cien(to) hundert 13
cientos de kilómetros Hunderte von Kilometern A*
cierra *(Präs. cerrar)* er/sie schließt 20
cierto gewiß 40; richtig; wahr C*
Es cierto. Das stimmt. 40
cinco fünf 9
cincuenta fünfzig 38
el **cine** Kino 12
el **cinturón** Gürtel 32
el cinturón de seguridad Sicherheitsgurt 32
llevar abrochado el cinturón de seguridad den Sicherheitsgurt angelegt haben 32
la **cita** Verabredung 21
la **ciudad** Stadt 2
la **ciudad-dormitorio** Schlafstadt 8
Ciudad de Panamá Panama City 2
Ciudad Real *Stadt in Castilla-La Mancha* 16
Ciudadela *an der Westküste Menorcas gelegene, ehemalige Hauptstadt* 30
la **civilización** Zivilisation C*
claro klar; natürlich 1
Claro que … Natürlich … 21
Sí, claro. Ja, sicher. 1
la **clase** Unterricht 13
en clase im Unterricht 18
la clase nocturna Abendunterricht 17
clásico klassisch 30; althergebracht D*
el **claustro** Kreuzgang A*
el/la **cliente** Kunde/Kundin 18
¡Qué cliente más raro! Was für ein seltsamer Kunde! 38

el **clima** Klima C*
el **coche** Auto 5
en coche mit dem Auto 6
la **cocina** Küche 10
la **colección** Sammlung 30
coleccionar sammeln 30
el **colegio** Schule 8
Colombia Kolumbien 2
Colón Kolumbus 30
el **color** Farbe 18
¿Qué color? Welche Farbe? 18
Todo de color. *hier:* Alles Buntwäsche. 30
la **comarca** Landstrich, Gegend D*
el **comedor** Eßzimmer 10
el **comentario** Kommentar 16
comer essen 19
cometer begehen 23
cometer un error einen Fehler machen 23
la **comida** Essen, Mahlzeit 13
¿cómo? wie? 1
¿Cómo dices? Wie bitte? 35
¿Cómo está usted? Wie geht es Ihnen? 3
¡Cómo no! Selbstverständlich! 17; Natürlich! 23
¿Cómo se hace? Wie macht man das? 30
¿Cómo te fue en el dentista? Wie ist es dir beim Zahnarzt ergangen? 37
¿Cómo vas? Wie fährst/gehst du hin? 6
como wie 5; da, weil 25
como decimos aquí wie wir hier zu sagen pflegen C*
Como el padre es viejo ... Da der Vater schon alt ist ... 25
Como usted quiera. Wie Sie wünschen. 38
cómodo bequem 31
la **compañía** Gesellschaft 10
la compañía de seguros Versicherungsgesellschaft 10
la **comparación** Vergleich 8
comparar vergleichen 40
completo vollständig 20
el **compositor** Komponist B*
la **compra** Kauf 31
comprar kaufen 4
comprender *hier:* umfassen C*
común gemeinsam 30
No tiene nada en común con ... Hat mit ... nichts gemeinsam 30
la **comunicación** Verbindung 16
la **comunidad** Gemeinschaft A*
la Comunidad de Madrid *autonome Region* A*
con mit 6
con motivo de aus Anlaß von 38
con vistas al mar mit Blick aufs Meer 22
la **concha** Muschel 18
La Casa de las Conchas *berühmtes Gebäude in Salamanca, dessen Fassade ca. 400 Muscheln schmücken* 18
el **concierto** Konzert 20
concretamente genau (gesagt) 40
el **conductor** (Auto-)Fahrer 23
conocer *(conozco)* kennenlernen 22
se conoce man kennt B*
Hay mucho que conocer. Es gibt viel kennenzulernen. A*
conocido bekannt B*
conozco *(Präs. conocer)* kennen 35
el **conquistador** Eroberer A*
la **conserva** Konserve D*
la **consigna** Gepäckaufbewahrung 4
la **constitución** Verfassung 16
el Día de la Constitución Tag der Verfassung 16
la **construcción** Bauwerk A*
constructor Bau- 11
construido gebaut D*
construir (er)bauen A*
se construyen man baut A*
consumir verbrauchen D*
se consume man verbraucht D*
el **contacto** Kontakt 11
tener contacto con Kontakt haben zu C*
la **contaminación** Verschmutzung 8
la contaminación del aire Luftverschmutzung 8
contar *(ue)* erzählen 20
¿Qué cuentas? Wie geht's? 20
contento zufrieden 38
contra gegen 32
el **contrapunto** Kontrapunkt A*
el **control** Kontrolle 32
convenir *(ie)* ratsam sein 32
convertir *(ie)* verwandeln 33
conviene *(Präs. convenir)* es ist ratsam 32
la **cooperativa** Genossenschaft 36
Copenhague Kopenhagen 2
la **copia** Nachbildung 19
cordial herzlich 22
el **Corpus** Fronleichnam 16
el **correo** Post 15
correr rennen 33
el **(café) cortado** Kaffee mit (wenig) Milch 17
cortar schneiden 36
cortarse el pelo sich die Haare schneiden lassen 36
el **Corte Inglés** *Kaufhauskette in Spanien* 34
Las Cortes *Parlament und Senatsgebäude in Madrid* 8
la **cosa** Ding, Sache 23
La cosa está fatal. Die Lage ist unmöglich. 37
Otra cosa ... Noch etwas ... 23
¡Qué cosa más rara! Was für ein seltsames Ding! 29
coser nähen 27
el **Coso** *Hauptstraße von Saragossa* 34
la **costa** Küste A*
costar *(ue)* kosten 18
costero Küsten- A*
la **costumbre** Sitte B*
Covadonga *Ort und Kloster in den Bergen Asturiens* 22
el **crédito** Kredit 33
creer glauben 19
Creo que sí. Ich glaube schon. 19
criar züchten D*
el **cristiano** Christ A*
la **Cruz Roja** Rotes Kreuz 32
el **cuadro** Gemälde 8
¿cuál? welche/r, -s 38
¿cuándo? wann? 16
cuando wenn 10; als 37
Cuando hablemos de ... Wenn wir von ... sprechen 40
de cuando en cuando von Zeit zu Zeit A*
¿cuántas? wie viele? 4
¿cuánto? wieviel? 4
¡Cuánta gente! Wie viele Menschen! 22
¡Cuánta gente había! War das voll! 37
¿Cuánto cuesta ...? Wieviel kostet ...? 18
¿Cuánto es? Was macht das? 13
¿Cuánto le debo? Wieviel schulde ich Ihnen? 39
¿Cuánto tiempo? Wie lange? 9
¿Cuánto vale? Wieviel kostet ...? 18

¡Cuántos anuncios! Wie viele Anzeigen! 11
¿Cuántos años tienes? Wie alt bist du? 13
¡Cuántos hoteles hay! Wie viele Hotels es (hier) gibt! 7
Cuantos más, mejor. Je mehr, desto besser. 35
el **cuarto** Viertel (vom Ganzen) 12
el **cuarto** der vierte 25
el **cuarto de baño** Badezimmer 34
el **cuarto de estar** Wohnzimmer 35
cuatro vier 8
Cuenca *Stadt in Castilla-La Mancha* 16
la **cuenta** Rechnung 38
por mi cuenta für mich alleine 27
tener en cuenta in Betracht ziehen 38
cuentas *(Präs. contar)* du erzählst 20
cuesta *(Präs. costar)* kosten 18
el **cuidado** Vorsicht 40
Hay que tener cuidado. Man muß vorsichtig sein. 40
cuidarse de algo sich um etwas kümmern 36
cultivar anbauen B*
cultivar la tierra den Boden bestellen B*
se cultivan naranjas Orangen werden angebaut C*
el **cultivo** Anbau D*
la **cultura** Kultur 19
cultural kulturell 8
la **cumbre** Gipfel A*
la **cuñada** Schwägerin 30
curar heilen 33
curioso *hier:* sehenswert, erstaunlich 30
lo más curioso das erstaunlichste 30
el **curso** Kurs, Lehrgang 20
la **curva** Kurve A*
Cuzco *Stadt im Hochland von Peru* 16

D

Dalí, Salvador (1904–1989) *span. Maler* 29
la **dama** Dame 19
La Dama de Elche *Frauenbüste aus dem 5. Jahrhundert vor Christus* 19
danés, danesa dänisch 38
dar geben 9
Da igual. Es ist egal. 9; Es ist gleich. 19
dar de comer füttern 36
dar importancia a Wert legen auf 31
dar un paseo einen Spaziergang machen 27
dar una vuelta einen Spaziergang machen 12; eine Runde machen 37
d.C. = después de Cristo nach Christus B*
de von 3; aus 19
de ... a von ... bis 13
de 1 a 5 zwischen 1 und 5 (Uhr) 11
De acuerdo. Einverstanden. 35
de cuando en cuando von Zeit zu Zeit A*
de edad media mittleren Alters 34
De nada. Bitte!, Keine Ursache! 7
de paso auf der Durchreise 19
de pura cepa waschecht 19
¿De qué ciudad? Aus welcher Stadt? 16
¿De quién es? Wem gehört es? 15
de una vez endlich einmal 36
de unos 25 años von ungefähr 25 Jahren 14
¿De verdad? Wirklich? 16; Tatsächlich? 24
debajo de unter 18
deber schulden 39
los **deberes** Hausaufgaben 13
decidir beschließen; entscheiden 33
decidirse (por) sich entscheiden (für) 22
decir *(digo, dice)* sagen 8
es decir das heißt 8
definitivamente endgültig 22
dejar lassen 32; *hier:* absetzen 37
Te dejo aquí. Ich setze dich hier ab. 37
del = de + el 5
delante davor 15
delante de vor 18
deletrear buchstabieren 9
delgado schlank 18
Delibes, Miguel (1920–) *span. Schriftsteller* 36
la **delincuencia** Kriminalität 8
los/las **demás** die übrigen/anderen 28
por lo demás übrigens 22
demasiado all(zu) sehr 29
Déme. *(Imperativ dar)* Geben Sie mir ... 13
democrático demokratisch 33
de forma democrática auf demokratische Art 33
el/la **dentista** Zahnarzt, Zahnärztin 36
ir al dentista zum Zahnarzt gehen 36
dentro de poco bald 22
depender de abhängen von 27
la **dependienta** Verkäuferin 31
deportivo sportlich 31
a la derecha (de) rechts (von) 18
desarrollarse sich weiterentwickeln 40
el **desarrollo** Entwicklung D*
desayunar frühstücken 17
descafeinado koffeinfrei 17
descansar sich ausruhen 19
el **descanso** Pause 19
descargar abladen; ausladen 25
descolgar *(ue)* abnehmen *(hier: Telefonhörer)* 21
el **descubridor** Entdecker A*
descuelga *(Präs. descolgar)* er/sie nimmt den Telefonhörer ab 21
desde seit 22
desde aquí von hier aus 23
desde hace seit *(Zeitraum)* 19
desde hace años seit Jahren 36
desde luego natürlich 29
Desde luego que no. Natürlich nicht. 29
desear wünschen 7
¿Qué desea? Was wünschen Sie? 7
desempaquetar auspacken 35
el **deseo** Wunsch D*
desértico wüstenartig B*
desfilar por las calles durch die Straßen ziehen B*
la **desgracia** Unglück 33
¡Qué desgracia! Was für ein Unglück! 33
desierto unbewohnt 13
el **despacho** Büro 38
la **despedida** Abschied 33
después danach 4
después de nach 11
después de recoger la casa nachdem ich die Wohnung aufgeräumt habe 27
destacar herausragen 15
la **destrucción** Zerstörung B*
determinado bestimmt B*

E

fabuloso großartig 29
el **factor** Faktor D*
la **falda** Rock 30
Las Fallas *Fest heidnischen Ursprungs, bei dem die Figuren aus Pappe abgebrannt werden, um den Winter zu vertreiben* 16
Falo galego. Ich spreche Galicisch. 5
faltar fehlen 8
No faltaba más. Aber selbstverständlich. 38
la **fama** Ruf; Berühmtheit 16
la **familia** Familie 10
famoso berühmt 5
fantástico phantastisch 28
la **farmacia** Apotheke 7
fascinante faszinierend 30
fatal *hier:* unmöglich 37
La cosa está fatal. Die Lage ist unmöglich. 37
el **favor** Gefallen 3
por favor bitte 3
febrerito = febrero Februar 28
febrero Februar 16
la **fecha** Datum 16
¿Qué fecha es hoy? Welches Datum haben wir heute? 16
federal Bundes- 22
feísimo sehr häßlich 29
la **feria** Jahrmarkt; Messe 14
Jahrmarkt 16
la Feria de Sevilla *berühmtes Frühlingsfest* 16
la Feria de Turismo en Stuttgart CMT Int. Ausstellung für Caravan, Motor, Touristik 14
Fermín *männl. Vorname 16*
San Fermín *Schutzpatron der Stadt Pamplona, Navarra* 16
el **festival** Festspiele 16
Festival de Teatro Clásico Festival des Klassischen Theaters 16
la **ficha** Zettel; Formular 9; Münze (für Automaten) 30
la ficha de inscripción Anmeldeformular 9
la **fiesta** Fest 16
fiesta del marisco Fest der Meeresfrüchte 16
la **fila** Reihe 13
el **filósofo** Philosoph B*
el **fin** Ende 22
el **fin de semana** Wochenende 22
finalmente endlich 22
la **finca** Bauernhof 36
Finlandia Finnland 2
fino fein A*
firmar unterschreiben 19
la **flor** Blume 38
en flor in Blüte A*
Fluviá *Fluß, der bei Rosas ins Mittelmeer mündet* C*
el **folleto** Broschüre, (Falt-)Blatt 16
el **forastero** Fremder; Auswärtiger C*
la **forma** Form 30; Art 33
de forma democrática auf demokratische Art 33
la forma de vida Lebensweise C*
formar bilden 25
formar parte (de) gehören (zu) C*
Formentera *eine der Baleareninseln* C*
la **foto(grafía)** Foto 10
el **francés** Französisch *(Sprache)* 14; Franzose C*
francés, francesa französisch 24
Francia Frankreich 2
el **franco suizo** Schweizer Franken 33
la **franqueza** Offenheit 40
Fray = fraile Mönch B*
frenar bremsen 32
frenar en seco scharf (ab)bremsen 32
la **frente** Stirn 32
el **frigorífico** Kühlschrank 34
el **frío** Kälte 28
la **frontera** Grenze 25
el **fuego** Feuer 17
la **fuente** Brunnen B*
fuera draußen 28
fuera (de) außerhalb (von) A*
fuerte stark 33; *hier etwa:* herzlichst 22
fui *(Indef. ir)* ich ging 25
fumar rauchen 17
el **fútbol** Fußball 10

G

las **gafas** Brille 18
Galapagar *Dorf nördlich von Madrid* 22
la **galería** Galerie 27
la galería de arte Kunstgalerie 27
Gales Wales 2
Galicia Galicien 5
el **gallego** galicische Sprache 5
gallego Galicier 16
gallego galicisch 25, D*
la **gallina** Henne; Huhn 36
la **gamba** Garnele C*
el **ganado** Vieh D*
ganar verdienen 11
tener ganas de Lust haben zu 21
la **gasolinera** Tankstelle 23
gastar ausgeben 38
He pensado gastar ... Ich wollte eigentlich ... ausgeben. 38
el **gato** Katze 27
en general im allgemeinen 30
la **generalización** Verallgemeinerung 40
generalmente meistens, normalerweise 27
genial genial 29
el **(río) Genil** *Fluß, der durch Granada fließt* B*
la **gente** *(Sing.)* Leute 11
Gerona *Stadt zwischen Barcelona und der franz. Grenze* 9
la **gestoría** *Agentur zur raschen Erledigung behördlicher Formalitäten* 33
el **girasol** Sonnenblume A*
el **gobierno** Regierung 22
el gobierno central Zentralregierung D*
el **golfo** Golf 2
el Golfo de México Golf von Mexico 2
la **golondrina** Schwalbe 28
Una golondrina no hace verano. Eine Schwalbe macht noch keinen Sommer. 28
gótico gotisch 18
gozar de una cosa etwas genießen 22
la **gracia** Anmut, Grazie 38
hacer gracia a alguien jdm gefallen 38
No le ha hecho ninguna gracia. Es hat ihm überhaupt nicht gefallen. 38
gracias danke 3
gracias a dank 22
el **grado** Grad 30
Gran Bretaña Großbritannien 2
la **Gran Vía** *eine der Hauptstraßen von Madrid* 6
Granada *Provinzhauptstadt in Andalusien* A*
gran(de) groß 8
la ciudad más grande die größte Stadt 8
el **grano** Korn D*

grave ernst, gefährlich 32
No es nada grave. Es ist nichts Ernstes. 32
Grecia Griechenland 2
El Greco (1541–1614) *span. Maler* A*
gris grau 31
la **grúa** Abschleppkran 32
grueso *hier:* stark 18
el **grupo** Gruppe 7
la **guantera** Handschuhfach 32
guapo hübsch 21
No, guapa, no. Nein, meine Liebe. 21
Guarromán *Ortschaft in der Provinz Jaén (Andalusien)* B*
Guernica *kleine Stadt im Baskenland* D*
la **guía** Reiseführer *(Buch)* 15; Reiseführer/in 19
guiar führen 22
Guillermo Tell Wilhelm Tell 29
la **guitarra** Gitarre 27
gustar schmecken 17; gefallen 19
El té no me gusta. Ich mag keinen Tee. 17
¿Te gusta? (Wie) gefällt dir ...? 19
el **gusto** Geschmack 12

H

La Habana Havanna 2
haber haben *(Hilfsverb)* 14
había es gab 40
ha habido es hat gegeben D*
la **habitación** Zimmer 9
la (habitación) individual Einzel(zimmer) 9
el/la **habitante** Einwohner 8
habitual üblich B*
hablar sprechen 5
hablar por teléfono telefonieren 14
Hablo castellano. Ich spreche Spanisch. 5
se habla man spricht 5
hacer machen 22
¿Cómo se hace? Wie macht man das? 30
desde hace seit 19
hace ... años vor ... Jahren 40
Hace calor/frío. Es ist warm (heiß)/kalt. 28
Hace mal tiempo. Es ist schlechtes Wetter. 28
Hace sol. Die Sonne scheint. 28
hace varios años vor einigen Jahren 25
Hace viento. Es ist windig. 28
Me hace reír. Ich muß darüber lachen. 29
hacer gracia a alguien jdm gefallen 38
hacer punto stricken 27
hacer vida social *hier:* Kontakte nach außen(hin) pflegen 27
hacia in Richtung 34
la **hacienda** Hazienda, Landgut 40
haga (*Imperativ* **hacer**) Tun Sie ... 38
Haga el favor de ... Tun Sie mir den Gefallen und ... 38
hago (*Präs.* **hacer**) ich mache 27
el **hambre** *(f)* Hunger 19
Hamburgo Hamburg 40
hasta bis 1; *hier:* sogar B*
hasta cierto punto bis zu einem gewissen Grad D*
hasta llegar a ... bis sie erreichten ... A*
Hasta el martes. Bis Dienstag! 1
Hasta la vista. Bis zum Wiedersehen. 37
Hasta la vuelta, entonces. Dann bis zu deiner Rückkehr. 36
Hasta luego. Bis bald! 12
Hasta mañana. Bis morgen! 6
¡Hasta pronto! Bis bald! 20
no ... hasta nicht vor; erst 20
hay es gibt 4
Hay de todo. *etwa:* Da findet man alles. 8
Hay gustos para todo. Die Geschmäcker sind verschieden. 12
Hay que tener cuidado. Man muß aufpassen. 40
Hay que ver ... Unglaublich, ... 39
No hay de qué. Keine Ursache 15
¿Qué hay? Was ist (befindet sich) ...? 4
¿Qué hay para cenar? Was gibt es zum Abendessen? 10
Ya no hay. Es gibt keine (Eintrittskarten) mehr. 20
La Haya Den Haag 2
hecho *(Partizip Perfekt hacer)* gemacht 28
el **helado** (Speise)Eis 19
herido verletzt 32
la **hermana** Schwester 10
la hermana mayor die ältere Schwester 10
el **hermano** Bruder 31
los **hermanos** Geschwister 25
hermoso herrlich, schön 8
Hernán Cortés (1485–1547) *Eroberer Kubas und Mexikos* A*
el **héroe** Held A*
hiciste *(Indef. hacer)* du machtest 25
el **hierro** Eisen D*
el **higo** Feige 36
la **hija** Tochter 4
el **hijo** Sohn; Kind 19
hispánico (hi)spanisch C*
la **hispanidad** Hispanität 16
el Día de la Hispanidad Tag der Hispanität *(12. 10., Jahrestag der Entdeckung Amerikas)* 16
Hispanoamérica Spanisch-Amerika 16
hispano-árabe spanisch-arabisch B*
la **historia** Geschichte 9
la **historia del arte** Kunstgeschichte 19
el **historiador** Historiker B*
históricamente geschichtlich A*
histórico-social sozialgeschichtlich B*
el **hogar** Heim 35
Hogar, dulce hogar. *etwa:* Trautes Heim. 35
¡Hola! Hallo! 1
Holanda Holland 2
el **holandés** Holländer C*
el **hombre** Mann, Mensch 7
No, hombre, no. *etwa:* Ach, was! 7
Hong-Kong Hongkong 31
la **hora** Stunde 11
¿Qué hora es? Wie spät ist es? 12
el **horario** Stundenplan 20
el **horno** Backofen 33
el **hórreo** Getreidespeicher D*
¡Qué horror! Wie furchtbar! 29
el **hospital** Krankenhaus 17
hospitalario gastfreundlich C*
el **hotel** Hotel 6
hoy heute 9
hoy día heutzutage 31
hoy mismo noch heute 38
la **huella** Spur A*
Huelva *Hafenstadt im Südwesten Spaniens. Hauptstadt der gleichnamigen Provinz* B*
la **huerta** *bewässertes Obst- und Gemüseland* B*
el **huevo** Ei B*
humano menschlich D*
la **humedad** Feuchtigkeit D*

el **humo** Rauch 23
el **humor** Spaß 12
Hungría Ungarn 2

I

íbamos *(Imperfekt ir)* wir gingen 37
ibérico iberisch 19
Ibiza Ibiza C*
la **idea** Idee 11, 35
la **identidad** Identität 9
el carnet de identidad Personalausweis 9
la **iglesia** Kirche 37
igual egal; gleich 9
igual (que) genauso (wie) C*
igualmente ebenfalls 39
la **ilusión** Vorfreude 33
la **ilustración** Abbildung 16
ilustrar veranschaulichen 40
la **imagen** Bild 40
la imagen religiosa Heiligenstatue B*
imaginarse algo sich etwas denken 37
el **imperio** Reich; Imperium C*
el Imperio Británico das Britische Empire C*
la **importancia** Wichtigkeit 31
dar importancia a Wert legen auf 31
importante bedeutend 8; wichtig 13
importar importieren 5; wichtig sein 11
No importa. Das macht nichts. 11
la **impresión** Eindruck 29
¿Qué impresión te da? Was für einen Eindruck macht es auf dich? 29
impresionante eindrucksvoll; beeindruckend 22
la **independencia** Unabhängigkeit D*
las **Indias** Amerika *(der Kolonialzeit)* B*
el **indicativo** *hier:* Vorwahl(nummer) 23
indígena Eingeborenen- 40
el poblado indígena Eingeborenendorf 40
indignado empört 38
el **indio** Indio *(Ureinwohner Lateinamerikas)* 40
individual Einzel- 9
la **industria** Industrie 5
la **industria láctea** milchverarbeitende Industrie D*
la industria metalúrgica Metallindustrie D*
la industria química chemische Industrie D*
la industria siderúrgica eisenschaffende Industrie D*
industrial industriell C*
el **infierno** Hölle 28
la **influencia** Einfluß 13
la influencia más importante der größte Einfluß 13
la **información** Auskunft 3
Inglaterra England 2
el **inglés** Englisch *(Sprache)* 14; Engländer 17
el **ingrediente** Zutat C*
iniciarse beginnen 40
la **Inmaculada** Maria Empfängnis 16
inmaculado, -a unbefleckt 16
inmenso riesig A*
la **inscripción** *hier:* Anmeldung 9
la ficha de inscripción Anmeldeformular 9
el **instituto** (staatliches) Gymnasium 17
las **instrucciones** (Gebrauchs-)Anweisungen 23
el **interés** Interesse 20
¿Tienes interés en ir? Hast du Interesse daran, hinzugehen? 20
interesante interessant 11
el **interior** das Innere A*; Landesinnere B*
internacional international 14, 16
interrumpir unterbrechen 33
introducir einwerfen 23
introduzca *(Imperativ introducir)* werfen Sie … ein 23
invertir investieren B*
el **invierno** Winter 28
Nueve meses de invierno y tres de infierno. Neun Monate Winter und drei Monate heiß wie die Hölle. 28
ir *(voy)* gehen 6; 7
ir a buscar a alguien jdn abholen gehen 25
ir a casa de alguien jdn besuchen 12
ir a misa in den Gottesdienst gehen 27
ir a pie zu Fuß gehen 7
ir al campo aufs Land fahren 27
ir de caza auf die Jagd gehen 27
ir de vacaciones in Urlaub gehen 36
Irlanda Irland 2
irse weggehen 20
San Isidro *Schutzpatron von Madrid* 16
la **isla** Insel 2
Italia Italien 2
el **italiano** Italienisch *(Sprache)* 14
Iznájar *Ortschaft nördlich von Málaga, am Genil* B*
izquierda links 18
a la izquierda (de) links (von) 18

J

ja, ja *etwa:* ha, ha 38
el **jabón** Seife; *hier:* Waschpulver 30
Jaén *Hauptstadt der gleichnamigen Provinz in Andalusien* B*
el **jamón** Schinken 17, 35
la **jarra** (zweihenkliger) Tonkrug 38
Javi = Javier *(männl. Vorname)* 35
el **jefe** Chef 38
Jerez (de la Frontera) *Stadt im Südwesten, in welcher der berühmte „Sherry" hergestellt wird* B*
el **jersey** Pullover 30
San José Hl. Josef 16
el/la **joven** junger Mann/junges Mädchen 11
los/las **jóvenes** die jungen Leute 13
judío jüdisch A*
el **juego** Spiel 13
juego *(Präs. jugar)* ich spiele 27
el **jueves** Donnerstag 1
jugar *(ue)* spielen 27
jugar a las cartas Karten spielen 27
jugar al fútbol Fußball spielen 27
jugar un papel eine Rolle spielen A*
jugo Saft 17
julio Juli 14
junio Juni 16
juntos zusammen 10; miteinander C*
junto a bei; in der Nähe von 37; neben C*
todos juntos alle zusammen 10
jurar schwören 38
Te lo juro. Ich schwöre es dir. 38
el/la **jurista** Jurist/in B*
justamente genau 5; ausgerechnet 28
¡Justo! Genau! 16

K

el **kilo** Kilo 9
el **kilómetro** Kilometer 8
el kilómetro cero Nullpunkt *(im Zentrum Madrids bei der Kilometerzählung der span. Nationalstraßen)* 8

L

la *(best. Art. Sing. fem.)* 1
laborable Werk- 11
el día laborable Werktag 11
lácteo Milch- D*
la **industria láctea** milchverarbeitende Industrie D*
el **lado** Seite 18
al lado nebenan 18
al lado de neben 17
al otro lado auf der anderen Seite 23
el **ladrón** Dieb 33
el **lago** See 22
la **laguna** Lagune B*
lamentablemente leider 40
la **lana** Wolle 30
el **lápiz** Bleistift 18
largo lang 10
las *(best. Art. Pl. fem.)* 5
Las Antillas Antillen 2
el **latifundio** Großgrundbesitz B*
Latinoamérica Lateinamerika 16
el **lavabo** Waschraum; Toilette 3
el **lavado** Waschen 30
el lavado en seco Trockenreinigung 30
la **lavandería** Wäscherei 30
lavar waschen 30
lavar en seco (chemisch) reinigen 30
se lava en seco wird gereinigt 30
le ihm; ihn 36
la **leche** Milch 17
leer lesen 27
lejos weit (entfernt) 6
la **lengua** Sprache 14; Zunge B*
la lengua de tierra Landzunge B*
León *Stadt in Castilla-León* 19
les ihnen 36
levantar (hoch)heben 23
levantarse *(me levanto)* aufstehen 22
libre frei 11
la **librería** Bücherregal 10; Buchhandlung 15
el **libro** Buch 4
Lima *Hauptstadt Perus* 40
limitar con grenzen an B*
limitarse (a) sich beschränken (auf) A*
el **limón** Zitrone 17, C*
limpiar reinigen 31
se limpian mejor sie lassen sich besser putzen 31
limpio sauber 22
Lisboa Lissabon 2
la **lista** Liste 17
la lista de precios Preisliste 17
la **llamada** *hier:* (Telefon-)Gespräch 23
llamado genannt B*
llamar (an)rufen 11
Llaman a la puerta. Es klingelt an der Wohnungstür. 35
llamar la atención Aufmerksamkeit auf sich ziehen A*
llamar por teléfono telefonieren 23
llamarse *(me llamo)* heißen 1
se llama er heißt; Sie heißen 1
llano flach C*
la **llanura** Ebene B*
la **llave** Schlüssel 9
la **llegada** Ankunft 3
llegar (an)kommen 10; hinkommen 11
llegué *(Indefinido llegar)* ich kam (an) 25
lleno (de) voll (mit) C*
llevar tragen 4; bringen B*; führen 22; mitnehmen 13
LLeva más de 15 años ... Seit über 15 Jahren ist sie ... 34
¿Lleva mucho tiempo aquí? Sind Sie schon lange hier? 14
lleva su nombre trägt seinen Namen B*
Llevo la misma vida que en ... Ich führe das gleiche Leben wie in ... 22
Llevo sólo 15 días. Ich bin erst seit 14 Tagen hier. 14
Llobregat *Fluß im Nordosten Spaniens* 9
llover *(ue)* regnen 22
llueve *(Präs. llover)* es regnet 22
Llueve a cántaros. Es regnet in Strömen. 28
la **llovizna** Sprühregen A*
la **lluvia** Regen D*
Lo siento. Es tut mir leid. 9
el **local** Raum 18
Londres London 2
la **lonja** Warenbörse 25
Lope de Vega (1562–1635) *span. Dramatiker* 7
los *(best. Art. Pl. mask.)* 4, 8
los Gómez Familie/Ehepaar Gómez 10
los que diejenigen, die 40
luego dann 12; anschließend 22
Hasta luego. Bis bald! 12
el **lugar** Ort 40; Stelle A*
en primer lugar an erster Stelle 40
la **luna** Mond 22
el **lunes** Montag 1

M

machista vom Männlichkeitswahn besessen 11
¡Qué machistas! Typisch Mann! 11
la **madre** Mutter 10
Madrid Madrid *(Hauptstadt Spaniens)* 9
madrileño aus Madrid 8
el **madroño** Erdbeerbaum 8
maduro reif 28
la **magdalena** *kleines rundes Biskuitgebäck* 17
Mahón *Hafenstadt und Hauptstadt der Insel Menorca* C*
el **maíz** Mais 5
mal(o) schlecht 28
mala suerte Pech 37
¡Qué mala suerte! Was für ein Pech! 37
Málaga *bedeutende Hafenstadt im Süden und Hauptstadt der gleichnamigen Provinz* 36
la **maleta** Koffer 4
el **maletero** Kofferraum 32
la **mamá** Mutter 4
La Mancha *geographische Region im südlichen Teil der Hochebene* A*
manchego aus der Mancha 17
la **mandarina** Mandarine C*
manifestar *(ie)* äußern; zeigen C*
manifestar su opinión seine Meinung äußern C*
la **mano** Hand 26
la **mantilla** *Tuch aus Seide, Tüll oder Spitze (für Kopf oder Schultern)* 36
manual Hand- 27
el trabajo manual Handarbeit 27
el **manzano** Apfelbaum D*

mañana morgen 6
la **maquinaria** Maschinen 5; Maschinen(park) 40
el **mar** Meer 2
el Mar Báltico Ostsee 2
el Mar Cantábrico Golf von Biskaya 2
el Mar Caribe Karibisches Meer 2
el Mar Mediterráneo Mittelmeer 2
el Mar Menor *Salzwassersee in der Provinz Murcia* B*
la **maravilla** Wunder 22
maravilloso wunderbar A*; wunderschön C*
Marbella *internationaler Ferienort zwischen Málaga und Gibraltar* B*
la **marca** Marke 31
de marca Marken- 38
marcar *hier:* einstellen 30; *hier:* wählen 23
Marque. *(Imperativ marcar)* Wählen Sie. 23
Usted marca la temperatura. Sie stellen die Temperatur ein. 30
el **marco (alemán)** (Deutsche) Mark 4
el **marido** Ehemann 24
el **marisco** Meeresfrucht 16
Marruecos Marokko 2
el **martes** Dienstag 1
marzo März 16
más mehr 11
más bien eher 29
más de über 8; mehr als 13
más o menos ungefähr 25; mehr oder weniger 31
más tarde später 10
la/el **masajista** Masseuse, Masseur 26
la **máscara** Maske 16
la **masía** *Bauernhof in Katalonien* C*
el **material** Material 40
el **matiz** Schattierung; Farbton D*
la **matrícula** Nummernschild 23
mayo Mai 16
mayor größer, älter 10
la (hermana) mayor die ältere Schwester 10
el/la mayor der/die älteste 25
mayores de 18 años älter als/über 18 Jahre 13
la **mayoría** Mehrheit 16
me mir 22; mir, mich 26
Me encanta. Ich mache es sehr gerne. 27
Me gusta. Ich mag es. 17
Me hace reír. Ich muß darüber lachen. 29
Me parece ... Mir scheint ... 36
el/la **mecanógrafo, -a** Stenotypist/in 11
la **médica** Ärztin 17
el **médico** Arzt 32
medio halb 12
de edad media mittleren Alters 34
kilo y medio drei Pfund 39
medio año ein halbes Jahr 22
un año y medio anderthalb Jahre 14
mediterráneo Mittelmeer- D*
el **mejillón** Muschel C*
mejor besser 17
a lo mejor vielleicht 20
el mejor der beste 38
Mejor de lo que yo creía. Besser als ich dachte. 37
mejor (que) besser (als) 31
se vive mejor man lebt besser C*
el **melón** Melone 39
Mendoza *Stadt in Argentinien* 3
menor jünger 13, 31
el **hermano menor** der jüngere Bruder 31
el Mar Menor *Salzwasser in der Provinz Murcia* B*
menores de 18 años jünger als/unter 18 Jahre 13
Menorca *zweitgrößte Insel der Balearen* C*
menos weniger 5; *hier:* außer 28
al menos zumindest C*
las diez menos cuarto/veinte Viertel/zwanzig vor zehn 12
menos cuarto Viertel vor 20
menos de *(+ Zahl)* weniger als 13
Menos mal que ... Ein Glück, daß ...; Zum Glück ... 32
el **mercado** Markt 27
Mérida *Stadt in der Region Extremadura* A*
la **merluza** Seehecht 25
merluza a la vasca Seehecht auf baskische Art 25
el **mes** Monat 11
los **meses de verano** Sommermonate D*
la **mesa** Tisch 10
metalúrgico Metall- D*
la **industria metalúrgica** Metallindustrie D*
el **metro** Untergrundbahn 6; Meter 32
tomar el metro mit der U-Bahn fahren 6
mexicano mexikanisch 22
México Mexiko 2; 16; 22
México D.F. (Distrito Federal) Mexico-City (Bundesbezirk) 22
mi mein 13
mí mich, mir 19
para mí für mich 19
el **miembro** Mitglied D*
mientras während 10
mientras tanto inzwischen 23
el **miércoles** Mittwoch 1
mil tausend 9
militar Militär- 25
el servicio militar Wehrdienst 25
el **millón** Million 8
millones de emigrantes Millionen von Emigranten D*
la **mina** Bergwerk D*
mineral Mineral- 17
el **agua mineral** Mineralwasser 17
el **ministerio** Ministerium 8
el Ministerio de Transportes, Turismo y Comunicaciones Ministerium für Transport, Tourismus und Verkehr 16
el **minuto** Minute 12
Mira. *(Imperativ mirar)* Sieh mal! 11
mirar (an)sehen 7; *hier:* nachsehen 11; *hier:* sich ansehen; überprüfen 23; ansehen, betrachten 38
mirar la televisión fernsehen 10
Mire. *(Imperativ mirar)* Sehen Sie! 32
Miren. *(Imperativ mirar)* Sehen Sie! 34
la **misa** Gottesdienst 27
ir a misa in den Gottesdienst gehen 27
el **mismo** derselbe 20
ahora mismo jetzt gleich 23
de la misma calidad von gleicher Qualität 31
la **mitad** Hälfte D*
la **mochila** Rucksack 4
el **mocho** der „Gestutzte" 28
la **moda** Mode 31
la casa de modas Modehaus 31
modernista modernistisch 34
moderno modern 8; fortschrittlich 25
¡Qué modernos! Wie fortschrittlich! 25

el **molino** Mühle A*
el molino de viento Windmühle A*
un **momentito** einen kurzen Augenblick 13
el **momento** Augenblick 4
¡Un momento! Einen Augenblick! 4
el **monasterio** Kloster 22
la **moneda** Münze 13; Kleingeld 23
Dos caras de la misma moneda. Die beiden Seiten der Medaille. 40
el **montacargas** Lastenaufzug 34
la **montaña** Berg B*
las **montañas** *hier:* Gebirge 5
montañoso gebirgig 5
Monte Perdido (3.355 mts.) *Berg in den Pyrenäen* A*
el **montón** Stapel 35
el **monumento** Denkmal B*
la **moqueta** Teppichboden 35
Con moqueta y todo ... Mit Teppichboden und allem Drum und Dran. 35
Morella *malerisches Dorf in Castellón, Valencia* C*
moro maurisch A*
Moscú Moskau 2
el **mostrador** Ladentisch 18; Theke 19
mostrar *(ue)* zeigen 40
el **motivo** Motiv 18
con motivo de anläßlich 38
el **motor** Motor 23
Motril *Stadt am Mittelmeer, in der Provinz Granada* 32
la **movida madrileña** *feststehender Begriff für das kulturelle Leben im heutigen Madrid* 8
muchísimo sehr viel D*
mucho viel 8
¡Mucha suerte! Viel Glück! 16
Muchas gracias. Vielen Dank. 6
muchas veces oft 17
Mucho gusto. Sehr erfreut. Angenehm. 35
muchos, -as viele 8
mudéjar Mudejar- ... A*
el **mueble** Möbel 35
la **muela** Backenzahn 37
muestran *(Präs. mostrar)* sie zeigen 40
la **mujer** Frau 21
Sí, mujer. *hier:* Aber sicher doch. 35
Mula *Ortschaft westlich von Murcia* B*
Mulhacén *Berg in Sierra Nevada* B*
el **mundo** Welt 11
el **mundo entero** die ganze Welt B*
Nada del otro mundo. Nichts Außergewöhnliches. 11
todo el mundo alle Welt 16
Múnich München 14
Murcia *autonome Region zwischen Valencia und Andalusien* B*
el **museo** Museum 8
el Museo Arqueológico Archäologisches Museum 19
el Museo de Arte Moderno Museum der Modernen Kunst 8
el Museo del Prado *eine der bedeutendsten Gemäldegalerien der Welt (Madrid)* 8
el Museo Reina Sofía *neues Museum in Madrid mit Thyssen-Sammlung und Wechselausstellungen* 8
la **música** Musik 27
musulmán musulmanisch; mohammedanisch A*
muy sehr 3
muy bien sehr gut 3

N

nada nichts 7
De nada. Keine Ursache! 7
Nada de nada. Überhaupt nichts. 24
Nada de tarjetas de crédito. Kreditkarten kommen nicht in Frage. 33
Nada del otro mundo. Nichts Außergewöhnliches. 11; Nichts Besonderes. 20
nada especial nichts Besonderes 10
Nada más ... *hier:* Sobald ... 25
Nada más regresar ... Kaum zurückgekehrt ... 25
No es nada grave. Es ist nichts Ernstes. 32
No me dice nada. Es sagt mir nichts. 29
No, nada más. Nein, das ist alles. 18
Pues nada. *etwa:* Dann eben nicht. 20
sin decir nada ohne etwas zu sagen 33
nadie niemand 34
No hay nadie. Es ist niemand zu Hause. 34
No lo quiere nadie. Niemand möchte ihn. 38
no ... nadie niemand 34
la **naranja** Apfelsine 5
natural natürlich 25
la **naturaleza** Natur C*
Navacerrada (1860 mts.) *Berg im Guadarrama-Gebirge nördlich von Madrid* A*
Navarra Navarra *(autonome Region in Nordspanien)* 9
navarro aus Navarra D*
la **Navidad** Weihnachten 16
necesario nötig 32
necesitar brauchen 4
el **negocio** Geschäft 38; Laden C*
negro schwarz 4
nevado verschneit B*
la **nevera** Kühlschrank 35
ni eso nicht einmal das C*
no ... ni nicht einmal 34; weder ... noch C*
el **nido** Nest 28
el **niki** Sweatshirt 30
ninguno, -a kein/e 37
la **niña** Mädchen; *hier:* Tochter 12
el **niño** Junge 13
no nein; nicht 1
¿no? nicht wahr? 8
No, guapa, no. Nein, meine Liebe. 21
no ... hasta nicht vor; erst 20; nicht ... bis; nicht vor ... 34
no ... nada nichts 19
No, nada más. Nein, das ist alles. 18
no ... nadie niemand 34
no ... ni nicht einmal 34; weder ... noch C*
no ... nunca nie 22
no sólo ... sino también nicht nur ... sondern auch 43
la **noche** Nacht 1
Buenas noches. Guten Abend./ Gute Nacht. 1
la **Nochevieja** Silvester 16
nocturno Nacht- 17
la academia nocturna Abendschule 27
la clase nocturna Abendunterricht 17
el **nombre** Name 9; Vorname 27
normalmente normalerweise, meistens 27
el **norte** Norden 5
al norte (de) nördlich (von) A*
Noruega Norwegen 2
el **noruego** Norweger C*

nos uns 33
nosotros, -as wir 14
las **noticias** Nachrichten 10
novecientos, -as neunhundert 13
la **novia** Freundin 27
noviembre November 16
nuestro unser 24
nueve neun 12
Nueve meses de invierno y tres de infierno. Neun Monate Winter und drei Monate heiß wie die Hölle. 28
Son las nueve y media. Es ist halb zehn. 12
nuevo neu 11
Estoy como nueva. Ich fühle mich wie neugeboren. 28
el **número** Nummer 3
un buen número eine stattliche (An-)Zahl B*
numeroso zahlreich 8
nunca nie 22
no ... nunca nie 22
No se sabe nunca. Man weiß nie. 32

Ñ

ñoño albern, kindisch 9

O

o oder 5
o sea das heißt 32
el **obispo** Bischof B*
el **objeto** Gegenstand 4
los objetos de aseo Waschutensilien 4
la **obra** *hier:* Bau 11; Werk 19; *hier:* Kunstwerk 29
la **ocasión** Gelegenheit 31
el **océano** Ozean 2
el Océano Atlántico Atlantischer Ozean 2
el Océano Pacífico Stiller Ozean 2
ocho acht 6
ochocientos, -as achthundert 13
octubre Oktober 16
ocupar einnehmen C*
ocuparse de sich beschäftigen mit 36
el **oeste** Westen 5
al oeste (de) westlich (von) A*
la **oferta** Angebot 11
la oferta de empleo Stellenangebot 11
la **oficina** Büro 6
la oficina de correos Postamt 15
la Oficina de Información y Turismo Fremdenverkehrsbüro 7
la oficina de obra Baubüro 11
la oficina del Estado Behörde 8
el/la **oficinista** Büroangestellte/r 10
¡Oiga! *(Imperativ oír)* Hören Sie! 19
ojalá hoffentlich 25
Ojén *Ortschaft nördlich von Málaga* B*
el **ojo** Auge 25
Olite *kleine Stadt in Navarra* D*
el **olivar** Olivenhain B*
el **olivo** Öl-, Olivenbaum C*
el **olor** Geruch 33
el/la **operador, -a** „Operator/in" 11
opinar meinen 29
¿Tú qué opinas? Was hältst du davon? 29
la **opinión** Meinung C*
manifestar su opinión seine Meinung äußern C*
optimista optimistisch 18
el **orden** Ordnung 27
poner orden aufräumen 27
ordeñar melken 36
Ordesa *Pyrenäenhochtal mit Naturpark* A*
organizar organisieren, veranstalten 16
oriental östlich A*
el **origen** Ursprung 8; 16 Abstammung B*
el **original** Original 19
la **orilla** Ufer 15
a orillas de am Ufer 15
ornamental Schmuck- 18
os euch 22
oscuro dunkel 33
Oslo Oslo C*
el **oso** Bär 8
el Oso de Berlín Berliner Bär 8
el oso y el madroño *Wahrzeichen Madrids* 8
el **otoño** Herbst 28
otro ein anderer 9; der andere 30
al otro lado auf der anderen Seite 30
Otra cosa ... Noch etwas anderes ... 23
otra vez noch einmal 9; ein anderes Mal 27
Otra vez será. Dann eben ein andermal. 20
otras muchas personas viele andere 31
otro pitillo noch eine Zigarette 17
otros cuatro siglos vier weitere Jahrhunderte B*
la **oveja** Schaf D*
Oviedo *Stadt in Asturien* 9
Oye. *(Imperativ oír)* Hör mal! 5

P

el **pacharán** Schlehenlikör D*
el **Océano Pacífico** Stiller Ozean 2
el **padre** Vater 10
los **padres** Eltern 25
la **paella** Paella *(Reisgericht)* C*
pagar zahlen 11
Pagan bien. Man bezahlt gut. 11
Pagan muy poco. Man bezahlt sehr schlecht. 11
la **página (pág.)** Seite 28
el **país** Land 2
el País Valenciano *autonome Region im Osten Spaniens* C*
el País Vasco Baskenland 5
El País *span. Tageszeitung* 4
el **paisaje** Landschaft A*
los **Países Bajos** Niederlande 23
el **pájaro** Vogel 28
el **palacio** Palast, Schloß 8
el **Palacio de Villahermosa** *Museum in Madrid (von Thyssen-Sammlung)* 8
pálido blaß 32
Palma *Hauptstadt Mallorcas* C*
Palos *Hafen, von dem aus Kolumbus am 3.8.1492 zu seiner ersten Reise aufbrach* B*
Pamplona Pamplona *(Hauptstadt Navarras)* 16
el **pan** Brot 25
el **pantalón, los pantalones** Hose 30
el **papá** Vater 12
el **papel** Papier 14; *hier:* Rolle A*
jugar un papel eine Rolle spielen A*
la **papelería** Schreibwarengeschäft 7
los **papeles** *hier:* Unterlagen 14
el **paquete** Paket 35
un par de ... einige, ein paar ... 36
para nach 3; für 4; um zu 6
¿Para cuánto tiempo? Für wie lange? 9
para ir um zu gehen 6
la **parada** Haltestelle 6
el **paraguas** Regenschirm 28

parar anhalten 23
parecer scheinen 26, 31
Me parece ... Mir scheint ... 36
Me parece que está llegando. Ich glaube, er kommt gerade. 36
parece que ... es scheint, als ob ... 26
Pareces otro. Du siehst ganz anders aus. 37
¿Qué te parece? Was meinst du? 31
París Paris 9
el **Parlamento** Parlament 8
Parlo català. Ich spreche Katalanisch. 5
el **paro** Arbeitslosigkeit 8
el **parque** Park 8
el Parque del Retiro *eine der größten Madrider Parkanlagen* 8
el parque natural Naturpark A*
la **parte** Teil 40
en gran parte zum großen Teil C*
pasado vergangen 22
el año pasado letztes Jahr 40
el **pasaporte** Reisepaß 3
pasar vorbeigehen; *hier:* hindurchgehen durch 4; verbringen 14; geschehen 32
Lo pasamos bomba. Es war einfach „super". 25
Pasa por el quiosco. Er geht beim Kiosk vorbei. 10
pasar el día den Tag verbringen 27
pasar la aduana durch den Zoll gehen 4
pasar la escoba kehren 34
pasar las vacaciones die Ferien verbringen B*
pasar (por) vorbeigehen (bei) 10
pasar por casa de bei ... vorbeigehen 37
¿Qué le/te pasa? Was fehlt Ihnen/dir? 26
¡Que lo pase bien! Machen Sie es gut! 39
la **Pascua** Ostern B*
el **paseo** Promenade 15; Spaziergang 27
dar un paseo einen Spaziergang machen 27
el **paso** Schritt 19
de paso auf der Durchreise 19
pastas *hier:* Gebäck 17
Pasto *Dorf in Kolumbien* 16
el **pasto** Weide(land) D*
la **patata** Kartoffel 10
patoso ungeschickt 38
¡Qué patosa es la gente! Wie ungeschickt die Leute doch sind! 38
la/el **Patrona/Patrón** Schutzheilige/r 16
el **pecho** Brust A*
pedir *(i)* bestellen 33
la **película** Film 10
la **película de humor** Filmkomödie 12
el **pelo** Haar 29
Es una tomadura de pelo. Das ist eine Fopperei. 29
la **peluquería** Friseursalon 37
la **pena** *hier:* Kummer 13
¡Qué pena! Wie schade! 13
la **penísula** Halbinsel A*
pensar *(ie)* denken 17; *hier:* vorhaben 16
pensar en denken an 17
Piensa ir a un restaurante. Er hat vor, in ein Restaurant zu gehen. 21
la **pensión** Pension 6
peor schlechter 31
la peor compra der schlechteste Kauf 31
Pepe *Kurzform für José* 24
pequeño klein 18
perder *(ie)* verlieren 32
Perdón. Verzeihung. 4
Perdona. *(Imperativ perdonar)* Entschuldige! 40
Perdone. *(Imperativ perdonar)* Entschuldigen Sie! 7
el **peregrino** Pilger D*
la **periferia** Peripherie D*
el **periódico** Zeitung 4
pero aber 5
¡Pero qué bien hablan español! Wie gut Sie aber Spanisch sprechen! 24
Pero si ... Aber ... 13
Pero sí ... Aber ... doch 13
Pero si tenía ... Aber er hatte doch ... 37
el **perro** Hund 16
la **persona** Person 7
el **personaje** Persönlichkeit B*
personal persönlich 11, 13
personalmente persönlich 14
Perú Peru 40
pesado schwer; *hier:* beschwerlich 22; *hier:* lästig 31
Eres un pesado. Du bist aber lästig. 31
pesar wiegen 7
La maleta pesa mucho. Der Koffer ist schwer. 7
a pesar de todo trotzdem 30
la **pesca** Fischfang 25
el **pescado** Fisch *(gefangen oder zubereitet)* 25
el **pescador** Fischer C*
el puerto de pescadores Fischerhafen C*
pescar fischen; angeln 25
la **peseta** Pesete 4
el **peso** Gewicht 39
Le pongo buen peso. Ich gebe Ihnen zwei gute Kilo. 39
pesquero Fisch- D*
el **petróleo** Erdöl 22
la industria del petróleo Erdölindustrie 22
picado *hier:* kariös 37
pico: la una y pico ein Uhr vorbei 21
pidieron *(Indefinido pedir)* sie bestellten 33
el **pie** Fuß 7
la **piedra** Stein C*
piensa *(Präs. pensar)* er/sie denkt 21
pierde *(Präs. perder)* er verliert 32
la **pierna** Bein 26
el **pijama** Schlafanzug 30
la **pila** Batterie 36
Pili *Kurzform für María del Pilar* 24
el **piloto** Pilot 40
el **pimiento** Paprika(schote) C*
pintar malen A*; bemalen B*
el **pintor** Maler B*
pintoresco malerisch B*
la **pirámide** Pyramide 22
los **Pirineos** Pyrenäen 5
la **piscina** Schwimmbad 22
el **piso** Stockwerk 34; Wohnung 35
¡Qué piso! Was für eine Wohnung! 35
la **pista** Piste A*
el **pitillo** Zigarette 17
Pizarro, Francisco (1478–1541) *Eroberer Perus* A*
Plácido Domingo *span. Opernsänger* 20
el **plano** Stadtplan 4
plantar pflanzen B*
el **plantón** Setzling B*
el **plástico** Plastik 33
la **plataforma** Plattform 22
el **plato** Teller 30

la **playa** Strand 5
la **plaza** Platz 6
la Plaza de Armas *zentraler Platz in Lima* 40
la Plaza de Colón Kolumbus-Platz 6
la Plaza Mayor Hauptplatz *(Mittelpunkt vieler span. Städte)* 22
la **población** Ortschaft 23; Bevölkerung B*
el **poblado** Ortschaft 40
el **poblado indígena** Eingeborenendorf 40
el **pobre** Arme 37
la **pobreza** Armut 40
poco wenig 11
dentro de poco bald 22
los pocos que ... die wenigen, die ... A*
Pagan muy poco. Sie zahlen sehr wenig. 11
un poco de ... etwas ... 14
un poco pesado ein bißchen beschwerlich 22
poder *(ue)* können 19; 23
el **poeta** Dichter B*
la **policía** Polizei 32
la **política** Politik D*
Polonia Polen 2
poner *(pongo)* setzen 11; *hier:* zeigen 12; *hier:* einwerfen 30; stellen 34; *hier:* geben 39
poner en su sitio aufräumen 35
poner (los cuadros) (die Bilder) aufhängen/stellen 35
poner orden Ordnung machen 27
poner un aviso eine Anzeige aufgeben 11
poner una película de humor eine Filmkomödie zeigen 12
ponerse a + *Infinitiv* anfangen zu 35
ponerse algo sich etwas anziehen 36
ponga *(Imperativ poner)* Geben Sie mir ... 39
pongo *(Präs. poner)* ich setze/lege/stelle 27
Pontevedra *Stadt in Galicien* 16
popular Volks- 14
por für 9
por ahora vorläufig 35
por aquí (cerca) hier in der Nähe 7
por ciento Prozent 13
por cinco mil pesetas für 5000 Peseten 9
por Dios um Gottes willen 33
por ejemplo zum Beispiel 5
por el camino unterwegs 38
por eso daher 8; deshalb 21
por favor bitte 3
por la mañana morgens, vormittags 17
por la tarde nachmittags 25
por lo demás übrigens 22
por mi cuenta für mich allein; selbständig 27
¿por qué? warum? 11
¡Por supuesto! Selbstverständlich! 17
la **porcelana** Porzellan 38
porque weil 10
la **portera** Hausmeisterin 34
la **portería** Hausmeisterwohnung 34
el **portero** Hausmeister 34
el **portero automático** Gegensprechanlage mit autom. Türöffner 34
poseer besitzen B*
posible möglich 11
la **postal** Postkarte 4
potable trinkbar B*
prácticamente praktisch 16
el **prado** Wiese 8
el Museo del Prado *eine der bedeutendsten Gemäldegalerien der Welt (Madrid)* 8
Praga Prag 2
el **precio** Preis 25
a buen precio zu einem guten Preis 17
precioso wunderschön 19
¡Qué preciosa exposición! Was für eine wunderschöne Ausstellung! 30
precisamente *hier:* gerade 34
la **pregunta** Frage 5
preguntar (por) fragen (nach) 11
Pregunte. *(Imperativ preguntar)* Fragen Sie! 7
prehistórico vorgeschichtlich C*
los monumentos prehistóricos vorgeschichtliche Sehenswürdigkeiten C*
la **prenda** Kleidungsstück 31
la **prensa** Presse 31
preocupante besorgniserregend B*
preparar zubereiten 10; vorbereiten 18
la **presencia** Aussehen 11; Anwesenheit C*
de buena presencia gutaussehend 11
presentar vorstellen 35
Te presento a Anita. Darf ich dir Anita vorstellen. 35
prestar *hier:* leisten 32
prevenir *(ie)* vorbeugen 33
Más vale prevenir que curar. Vorbeugen ist besser als heilen. 33
la **primavera** Frühling, Lenz 28
Julia tiene 17 primaveras. Julia ist 17 Jahre alt. 28
primer(o) erster 40
en primer lugar an erster Stelle 40
los primeros auxilios Erste Hilfe 32
primero zuerst 4
el **primo** Vetter 17
principal Haupt-, wichtig 8
el **príncipe** Prinz 22
Príncipe de Vergara *Straße in Madrid* 22
probarse *(ue)* **algo** etwas anprobieren 31
el **problema** Problem 4
la **procesión** Prozession 16
la **producción** Produktion C*
producir herstellen B*
se produce es wird erzeugt D*
el **producto agrícola** landwirtschaftliches Erzeugnis 5
el **productor** Hersteller B*
el **profesor** Lehrer 1
profundamente tief A*
el **programa** (Kurs-)Programm 22
prohibido verboten 18
Está prohibido. Es ist verboten. 18
prohibir verbieten 17
prometer versprechen 36
pronto bald 20
propio eigen B*
la **provincia** Provinz 36
prueba *(Präs. probar)* er probiert an 31
ptas. = pesetas 11
la **publicación** Veröffentlichung; *hier:* Broschüre 16
publicar veröffentlichen, herausgeben 14
el **público** Publikum 20
pude *(Indefinido poder)* ich konnte 40
el **pueblecito** kleines Dorf 36

el **pueblo** Dorf 16
los pueblos jóvenes *so werden die Elendsviertel in Perú genannt* 40
puedo *(Präs. poder)* ich kann 27
el **puente** Brücke C*
la **puerta** Tür; *hier:* Ausgang 3; Tür 7; Tor 8
llamar a la puerta an der Wohnungstür klingeln 35
¿Qué puerta es? hier: Welcher Ausgang ist es? 3
la Puerta del Sol *berühmter Platz im Zentrum Madrids* 7
el **puerto** Hafen 25; (Gebirgs-)Paß A*
Puerto Banús *Ferienort in Marbella mit exklusivem Jachthafen* B*
el puerto de pescadores Fischerhafen C*
pues nun 3
Pues nada. *etwa:* Dann eben nicht. 20
Pues regular. Nun, es geht. 3
puesto *(Partizip Perfekt poner)* gestellt 35
el **puesto** Platz, Stelle 32
el puesto de socorro Unfallstation 32
el **pulpo** Polyp 8
el **punto** Punkt D*
hasta cierto punto bis zu einem gewissen Grad D*
hacer punto stricken 27
puro rein 31
de pura cepa waschecht 19
puso *(Indefinido poner)* er/sie steckte/stellte 33

Q

que der, die, das *(Relativpron.)* 7
¿qué? was?; welche(r-, s)? 2
¡Qué bien! Wie schön! 14
¡Qué bien vive! Dem geht es gut! 39
¡Qué bonita postal! Was für eine schöne Postkarte! 19
¡Qué cliente más raro! Was für ein seltsamer Kunde! 38
¿Qué color? Welche Farbe? 18
¡Qué cosa más rara! Was für ein seltsames Ding! 29
¿Qué cuentas? Wie geht's? 20
¿Qué desea? Was wünschen Sie? 7
¡Qué desgracia! Was für ein Unglück! 33
¡Qué día tan bonito! Was für ein schöner Tag! 28
¡Qué envidia! Beneidenswert! 16
¿Qué es esto? Was ist das? 4
¡Qué espantoso! Wie entsetzlich! 29
¿Qué fecha es hoy? Welches Datum haben wir heute? 16
¿Qué hay? Was ist (befindet sich) ...? 4
¿Qué hay para cenar? Was gibt es zum Abendessen? 10
¿Qué hora es? Wie spät ist es? 12
¡Qué horror! Wie furchtbar! 29
¿Qué impresión te da? Was für einen Eindruck macht es auf dich? 29
¿Qué le/te pasa? Was fehlt Ihnen/dir? 26
¡Qué machistas! Typisch Mann! 11
¡Qué mala suerte! Was für ein Pech! 37
¡Qué modernos! Wie fortschrittlich! 25
¡Qué patosa es la gente! Wie ungeschickt die Leute doch sind! 38
¡Qué pena! Wie schade! 13
¡Qué piso! Was für eine Wohnung! 35
¡Qué preciosa exposición! Was für eine wunderschöne Ausstellung! 30
¿Qué puerta es? *hier:* Welcher Ausgang ist es? 3
¡Qué rico! Köstlich!, Lecker! 10
¿Qué tal? Wie geht es? 1
¿Qué tal el día? Wie war der Tag (heute)? 10
¿Qué tal el tiempo? Wie ist das Wetter? 28
¿Qué te parece? Was hältst du davon? 29
¡Qué tráfico! Was für ein Verkehr! 22
¡Qué va! Ach, wo! 19
¡Qué vida! Was für ein Leben! 20
quedar übrigbleiben 9; *hier:* übrig sein 33
No me queda ninguno. Ich habe keine mehr. 39
quedarse bleiben 12
quedarse con algo etwas behalten 31
los **quehaceres domésticos** Haushalt, Hausarbeit 36
quemar verbrennen 33
querer *(ie)* mögen, wünschen 19; wünschen, wollen 33
Como usted quiera. Wie Sie wünschen. 38
no querer saber nada (de) nichts wissen wollen (von) C*
¿Quiere que le ponga ...? Soll ich Ihnen ... geben? 39
Quiero que esté madura. Ich möchte, daß sie reif ist. 39
¡Querido ...! Lieber ...! 9
Queridos Diana y Gerardo. Liebe Diana, lieber Gerardo. 22
el **queso** Käse 17
¿quién? wer? 1
quiera *(Konjunktiv Präsens querer)* 38
quiere *(Präs. querer)* er, sie möchte 19
químico chemisch D*
la **industria química** chemische Industrie D*
quince fünfzehn 14
quince días „vierzehn Tage" 22
quinientos, -as fünfhundert 13
quinto fünfter 34
el **quiosco** Kiosk 4
quisiera ich möchte 38
quizás vielleicht 14

R

la **radio** Radio 27
Rafa *Abkürzung für Rafael* 35
la **rama** Zweig, Ast 28
La Rambla *Ortschaft südlich von Córdoba (Andalusien)* 30
las **Ramblas** *berühmte Straße in Barcelona* 21
la **ranura** Einwurfschlitz 23, 30
rápido schnell 36
raro merkwürdig 23; seltsam, komisch 29
¡Qué cosa más rara! Was für ein seltsames Ding! 29
¡Qué cliente más raro! Was für ein seltsamer Kunde! 38
el **rato** Augenblick; Weile 19
la **razón** Recht A*
Tienes razón. Du hast Recht. A*
real wirklich 40
realizar in die Tat umsetzen, machen 33; durchführen C*

realizar una encuesta eine Umfrage machen C*
realmente wirklich 22
la **rebaja** Preisnachlaß 31
las rebajas de verano Sommerschlußverkauf 31
rebajado heruntergesetzt 31
el **recado** Besorgung 36
recargadísimo überladen 30
la/el **recepcionista** Empfangsangestellte/r 10
recibir erhalten 38
el **recinto** Gelände, Bereich 23
recoger *(recojo)* aufheben; einsammeln 27; abholen 33
recoger la casa aufräumen 27
la **Reconquista** Rückeroberung A*
recordar *(ue)* erinnern an C*
recordar algo sich an etwas erinnern 40
recorrer bereisen, zurücklegen 16
el **recreo** Pause 13
refrescar erfrischen A*
el **refresco** Erfrischungsgetränk 17, 23
regalar schenken 31
el **regalo** Geschenk 38
regar *(ie)* berieseln, bewässern A*
la **región** Region 30; Gegend A*
la región pesquera Fischfanggebiet D*
regional regional D*
regresar zurückkehren 25
Nada más regresar ... Kaum zurückgekehrt ... 25
regular einigermaßen; leidlich 3
la **reina** Königin 8
el **Reino Unido** Großbritannien 23
reír lachen 29
Me hace reír. Ich muß darüber lachen. 29
la **reja** (Fenster-)Gitter 18
la **relación** *hier:* Bericht B*
religioso religiös 16
el **reloj** Uhr 10
renacentista Renaissance- A*
el **Renacimiento** Renaissance C*
el **repartidor** Lieferant 34
repartir verteilen B*
la **república** Republik 2
la República Democrática Alemana Deutsche Demokratische Republik 2
la República Dominicana Dominikanische Republik 2
la República Federal de Alemania Bundesrepublik Deutschland 2
residente wohnhaft C*
el **restaurante** Restaurant 7; Gaststätte C*
el **resto** Rest C*
resultar *hier:* sich erweisen als 30
resultar más caro teurer sein 30
el **retiro** Zurückgezogenheit, Einsamkeit 8
el Parque del Retiro *eine der größten Madrider Parkanlagen* 8
el **reúma** Rheuma C*
revisar überprüfen 23
la **revista** Zeitschrift 4
el **rey** König 16, A*
los **Reyes Magos** die Heiligen Drei Könige 16
la **ría** Ria *(fjordähnliche Trichtermündung der Flüsse in Galicien)* 25
Ribadeo *Stadt in Galicien, an der Grenze zu Asturien* 25
rico köstlich 10; reich B*
¡Qué rico! Köstlich!, Lecker! 10
el **riego** Bewässerung B*
el **canal de riego** Bewässerungskanal B*
el **sistema de riego** Bewässerungssystem C*
el **rincón** Ecke 10
el **río** Fluß 15
La Rioja *autonome Region in Nordspanien* 33
robar stehlen 33
la **rodilla** Knie 26
rojo rot 4
el **rollo** *hier:* langweiliger Schmarren 12
¡Qué rollo! Wie öde! 12
Roma Rom 2
románico romanisch A*
el **romano** Römer A*
romano römisch D*
Ronda *Stadt in der Provinz Málaga* B*
la **ropa** Kleidung 4
roto *(Partizip Perfekt romper)* zerbrochen, kaputt 38
el **rotulador** Filzstift 18
rubio blond 35
el **ruido** Geräusch 23
Rumanía Rumänien 2

S

el **sábado** Samstag 1
saber *(sé)* wissen 1
No sé. Ich weiß es nicht. 1
No se sabe nunca. Man weiß nie. 32
¿Sabe una cosa? Wissen Sie was? C*
Yo qué sé. Was weiß ich. 4
el **sabor** Geschmack D*
sacar herausholen 7
la **sala de estar** Wohnzimmer 34
salado gesalzen B*
Salamanca *Universitätstadt nordwestlich von Madrid* 14
el **salchichón** (Hart-)Wurst 17, 19
la **salida** Ausgang; *hier:* Abflug 3
salir *(salgo) hier:* aussteigen 23; verlassen; weggehen 23; hinausgehen, -fahren 25; *hier:* wegziehen; auswandern D*
Ha salido humo. *hier:* Es qualmt. 23
la **salud** Gesundheit 17
el **saludo** Gruß 22
salvaje wild C*
Salzillo (1707–1783) *span. Bildhauer* B*
San Fermín *Schutzpatron der Stadt Pamplona* 16
San Isidro *Schutzpatron von Madrid* 16
San Juan heiliger Johannes 16
San Pedro de Roda *Benediktinerkloster in der Sierra de Roda, Costa Brava* C*
San Sebastián *baskische Stadt am Golf von Biskaya* D*
la **sandía** Wassermelone 39
sanitario Gesundheits- 32
Santa Elena *Ortschaft in der Provinz Jaén (Andalusien)* B*
Santander *Stadt in Nordspanien mit bekannter Sommeruniversität* 14
Santiago Jakob 16
Santiago (de Compostela) *Wallfahrtsort im Nordwesten Spaniens (Jakobsweg)* 14
san(to) Heiliger 14, 16
satisfecho zufrieden 25
se man 8; sich *(refl.)* 25
se vive mejor man lebt besser C*
sé *(Präs. saber)* ich weiß 1
o sea das heißt 32
SEAT (*Abk. für* **"Sociedad Española de Automóviles de Turismo"**) *Autofabrik* 38
la **secadora** Wäschetrockner 30
secar trocknen 30
seco trocken 28
el lavado en seco Trockenreinigung 30
lavar en seco chemisch reinigen 30

la **secretaria** Sekretärin 11
la **sed** Durst 19
en **seguida** sofort 19
seguidamente anschließend 23
seguir fortsetzen 40
seguir el viaje die Reise fortsetzen 40
seguir en el paro weiterhin arbeitslos sein 37
según gemäß 13
el **segundo** der zweite 25
seguramente bestimmt, wahrscheinlich 38
el **seguro** Versicherung 10
seguro sicher 33
seis sechs 10
seiscientos, -as sechshundert 13
la **selección** Auswahl 11
la selección personal *etwa:* Auswahl (erfolgt) nach persönlicher Vorstellung 11
el **sello** Briefmarke 4
la **semana** Woche 9
entre semana unter der Woche, wochentags 27
la semana que viene nächste Woche 34
la Semana Santa Karwoche 14
todas las semanas jede Woche 16
Semana *spanische Illustrierte* 4
el **Senado** Senat 8
sencillamente einfach 29
sencillo einfach 22; schlicht 30
sentir *(ie)* bedauern 9; fühlen 31
Lo siento. Es tut mir leid. 9
sentirse *(ie)* sich fühlen A*
la **señal** Zeichen 23
el **señor** Herr 1
la **señora** Frau 1
los **señores** die Herrschaften 19
la **señorita** Fräulein 1
separado por abgetrennt durch B*
septiembre September 16
ser sein 1
será es wird sein 20
Otra vez será. Ein andermal. 20
serio ernst C*
el **servicio** *hier:* Toilette 17; Dienst; Kundendienst 23
el servicio militar Wehrdienst 25
servir *(i)* dienen 38
¿En qué puedo servirle? Womit kann ich Ihnen dienen? 38
sesenta sechzig 11
setecientos, -as siebenhundert 13
Sevilla *Hauptstadt Andalusiens* 16

sí ja 1
Creo que sí. Ich glaube ja. 19
Eso sí. Das ist schon richtig. 11
Eso sí que no. Das auf keinen Fall. 34
Dice que sí. Sie sagt ja. 21
Sí, claro. Natürlich./Selbstverständlich. 1
si ob 11; wenn 11; falls 19
Si ahora ya gano más. Wo ich doch jetzt schon mehr verdiene. 11
Si ayer llegó muy tarde. Schließlich ist er gestern sehr spät (nach Hause) gekommen. 25
si es posible wenn es möglich ist 11
Si ha llegado ... Er ist doch angekommen ... 38
Si no hay gente. Aber es sind doch kaum Leute da. 13
Si tenía mucho trabajo. Er hatte doch viel Arbeit. 37
Si ya es la una. Es ist schon ein Uhr. 21
siderúrgico Eisen- D*
la **industria siderúrgica** Eisenindustrie D*
la **sidra** Apfelwein D*
siempre immer 16
siempre que immer wenn 27
siempre que puedo wann immer ich kann 27
siento *(Präs. sentir)* ich bedauere 9
Lo siento. Es tut mir leid. 9
la **sierra** Gebirge B*
la Sierra de Guadarrama Guadarrama-Gebirge *(nördlich von Madrid)* 5
la Sierra Nevada Sierra Nevada *(Gebirge in Südspanien)* 5
la **siesta** Mittagsschlaf C*
siete sieben 4
el **siglo** Jahrhundert 15
siguiente folgend 38
al día siguiente am nächsten Tag 38
la **silla** Stuhl 10
la **silueta** Silhouette 15
el **símbolo** Wahrzeichen 8
simpático freundlich 11
sin ohne 4
sin decir nada ohne etwas zu sagen 33
sin embargo jedoch 34
sino sondern C*

el **sistema** System C*
el sistema de riego Bewässerungssystem C*
el **sitio** Platz 18; Ort 35
en muchos sitios an vielen Stellen 37
poner en su sitio aufräumen 35
situado gelegen 25
sobre über 16
Sobre gustos no hay nada escrito. Über Geschmack läßt sich streiten. 29
sobre todo vor allem, hauptsächlich 8
el **sobre** Briefumschlag 18
el **sobrino** Neffe 22
social gesellschaftlich 27
hacer vida social Kontakte nach außen(hin) pflegen 27
el **socorro** Hilfe 32
sois *(Präs. ser)* ihr seid 16
la **soja** Soja 5
el **sol** Sonne 7
solamente nur 4
el **soldado** Soldat B*
soler *(ue)* pflegen 27
sólo nur 5
no sólo nicht nur 5
no sólo ... sino también nicht nur ... sondern auch C*
solo allein 17
el (café) solo Espresso (ohne Milch) 17
soltar *(ue)* losmachen 32
soltero ledig 36
Está soltero. Er ist ledig. 36
la **solución** Lösung 28
somos *(Präsens ser)* wir sind 16
son *(Präs. ser)* sie sind 5
Son las nueve y media. Es ist halb zehn. 12
sonar *(ue)* klingeln, läuten 21
soñado erträumt 33
soñar *(ue)* träumen 33
la **sopa** Suppe 10
Soria *Stadt in Castilla-León* A*
soy *(Präs. ser)* ich bin 1
Sr. = señor Herr 11
Soy yo. Ich bin es. 1
Sra. = señora Frau 22
su sein; Ihr, ihr 4
suave *hier:* mild D*
subir hinaufgehen, -fahren 22; steigen 39
el **suburbio** Vorort 40
el suburbio pobre Armenviertel 40
Suecia Schweden 2

el **suelo** Fußboden 35
suelo *(Präs. soler)* ich pflege (etw. zu tun) 27
suelta *(Präs. soltar) hier:* sie öffnet 32
suena *(Präs. sonar)* es läutet, klingelt 21
el **sueño** Traum C*
la **suerte** Glück 11
la **mala suerte** Pech 37
¡Mucha suerte! Viel Glück! 16
suficiente genügend 23
Suiza Schweiz 2
el **suizo** Schweizer 33
suizo schweizerisch 33
Summers *span. Filmregisseur* 12
el **súper = el supermercado** Supermarkt 10
superior *hier:* oberer 23
¡Por supuesto! Selbstverständlich! 17
el **sur** Süden 5
al sur (de) südlich (von) A*

T

¿Qué tal? Wie geht es? 1
¿Qué tal el día? Wie war der Tag (heute)? 10
la **talla** Konfektionsgröße 31
el **taller** Werkstatt 23
también auch 4
tampoco auch nicht 32
tan so 12, 25
tanto, -a soviel 28
un tanto ziemlich A*
tanto ... como sowohl ... als auch C*
tardar lange dauern 36
El camión no puede tardar ya. Der Lastwagen muß bald kommen. 36
la **tarde** Nachmittag, Abend 1, 10
Buenas tardes. Guten Tag./ Guten Abend. 1
el periódico de la tarde Abendausgabe; Nachmittagsausgabe der Zeitung 10
por la tarde am Nachmittag; am Abend 25
tarde spät 10
más tarde später 10
la **tarjeta** Karte 33; Visiten-Karte 38
la tarjeta de crédito Kreditkarte 33
Tarragona *Stadt in Katalonien* 9
el **taxi** Taxi 6
el/la **taxista** Taxifahrer/in 6
la **taza** Tasse 35
el **té** Tee 17
te dir, dich 26
¿Te quedas? Bleibst du? 12
el **teatro** Theater 7
el **tebeo** Comic-Heft 4
técnico technisch 32
Tel. = el teléfono Telefon 11
el **telebaby** Babylift A*
el **teléfono** Telefon 14
hablar por teléfono telefonieren 14
el **telesilla** Sessellift A*
el **telesquí** Skilift A*
la **tele(visión)** Fernsehen 10
mirar la tele(visión) fernsehen 10
el **televisor** Fernsehapparat 10
el **tema** Thema 40
la **temperatura** Temperatur 30
la temperatura es de 18 grados es sind 18 Grad D*
la temperatura media Durchschnittstemperatur B*, D*
templado mild D*
temprano früh, zeitig 22
tener *(ie, tengo)* haben 13
Se tiene que levantar ... Er muß aufstehen. 36
tener 16 años 16 Jahre alt sein 13
tener cara de aussehen 25
tener en común gemeinsam haben 30
tener en cuenta in Betracht ziehen 38; bedenken B*
tener ganas de Lust haben zu 21
tener mala cara schlecht aussehen 26
Tiene más de dos mil años. Sie ist mehr als zweitausend Jahre alt. 19
Tienes cara de cansado. Du siehst müde aus. 25
tener que müssen 17
Tenga. *(Imperativ tener)* Bitte! 3
tengo *(Präs. tener)* ich habe 13, 18
tengo que ich muß 17, 36
el **tenis** Tennis 31
la **tensión** Spannung D*
Teotihuacán *bisher größte ausgegrabene altindianische Stadt Mesoamerikas* 22
tercer(o) dritter 25
la **terminal** Endhaltestelle 6
terminar beenden 10; aufhören 20
el **termo** Thermosflasche 25
el **terrateniente** (Groß)grundbesitzer B*
la **terraza** Terrasse 34
el **territorio** Gebiet C*
el **terrorismo** Terrorismus D*
Teruel *Stadt im Norden Aragoniens* A*
el **testigo** Zeuge B*
el **texto** Text 11
el **tiempo** Zeit 9; Wetter 28
A mal tiempo, buena cara. Gute Miene zum bösen Spiel. 28
¿Cuánto tiempo? Wie lange? 9
¿Lleva mucho tiempo aquí? Sind Sie schon lange hier? 14
Los tiempos cambian. Die Zeiten ändern sich. 25
el tiempo libre Freizeit 27
la **tienda** Geschäft, Laden 15
la tienda de prendas deportivas Sportbekleidungsgeschäft 31
tiene *(Präs. tener)* er/sie hat 13
la **tierra** *hier:* Boden 40; *hier:* Landstrich A*; Land B*
la **tintorería** chemische Reinigung 30
el **tío** Onkel 22
los **tíos** Tante und Onkel 22
típicamente typisch B*
típico typisch 30
el **lago Titicaca** Titicacasee 40
Tlalnelhuayocán *Stadt im Bundesstaat Veracruz (Mexiko)* 22
el **tocadiscos** *(Sing.)* Plattenspieler 13
tocar anfassen 27
tocar la guitarra Gitarre spielen 27
todavía noch 10
todo, toda, todos, todas alle 8; ganz 10; jede(r) 16
Hay de todo. *etwa:* Hier findet man alles. 8
sobre todo vor allem 8
toda clase de jede Art von B*
toda la semana die ganze Woche 25
todas las semanas jede Woche 16
todo el día den ganzen Tag 10
todo el mundo alle Welt 16
todos juntos alle zusammen 10
todos los, todas las alle, die 8
todos los días jeden Tag 36
todos los que alle, die 34

Todos los Santos Allerheiligen 16
Toledo *Stadt südlich von Madrid* A*
Toma. *(Imp. tomar)* Nimm! 18
tomar trinken 17
tomar el metro mit der U-Bahn fahren 6
el **tomate** Tomate 36
el **(río) Tormes** *Fluß, der durch Salamanca fließt* 15
la **torre** Turm 15
Torrelobatón *Dorf in der Provinz Valladolid* A*
Torremolinos *schon seit den 60er Jahren beliebte Touristenhochburg* B*
Torrenueva *Dorf am Mittelmeer, in der Provinz Granada* 32
la **tortilla** Omelett 10
la tortilla de patatas Kartoffelomelett 10
la tortilla francesa Omelette (nature) 35
total ganz C*
en total insgesamt C*
trabajador, -a arbeitsam 11
trabajar arbeiten 10
trabajar de arbeiten als 19
trabajar la tierra den Boden bestellen 40
el **trabajo** Arbeit 8
el trabajo manual Handarbeit 27
el **tractor** Traktor B*
tradicional herkömmlich B*
traer *(traigo)* (her-, mit-)bringen 28
el **tráfico** Verkehr 8
¡Qué tráfico! Was für ein Verkehr! 22
la **tragedia** Tragödie D*
la tragedia humana menschliche Tragödie D*
traigo *(Präs. traer)* ich bringe (mit) 30
el **traje** Anzug 30
la **tranquilidad** Ruhe C*
transportar transportieren 36
el **transporte** Transport 13
el **tratamiento de textos** Textverarbeitung 11
tratar behandeln 11
tratarse de sich handeln um 40
treinta dreißig 13
¿No tiene las treinta? *hier:* Haben Sie es nicht passend? 13
tres drei 4
el **trigo** Weizen B*
el **trozo** Stück 38
tú du 1
tu dein 17
el **turismo** Tourismus, Fremdenverkehr 5
el turismo tradicional der herkömmliche Fremdenverkehr B*
el/la **turista** Tourist/in C*
turístico touristisch 40

U

u = o oder *(„o" wird zu „u" vor „o" oder „ho")* 6
último letzter 36
un, una ein, eine 4
el **único** der einzige 25
la **Unión Soviética** UdSSR 2
la **universidad** Universität 14, 22
la Universidad Autónoma Autonome Universität *(Madrid)* 19
la Universidad Internacional Internationale Universität 14
la Universidad Internacional (de Verano) Internationale (Sommer-)Universität 14
la Universidad Popular Volkshochschule 14
universitario Universitäts- 15
uno eins 3
unos, unas ungefähr 14
a unos 300 metros de aquí etwa 300 Meter von hier 32
de unos 25 años von ungefähr 25 Jahren 14
unas 400 conchas ungefähr 400 Muscheln 18
unos cuatro mil etwa viertausend C*
unos meses einige Monate 14
usted Sie *(Sing)*. 1
ustedes Sie *(Pl.) 17*
utilizar benutzen B*
la **uva** Weintraube 28

V

va *(Präs. ir)* er/sie fährt/geht 6
¡Qué va! Ach was! 19
Va a llover. Es wird regnen. 24
la **vaca** Kuh 36
las **vacaciones** Urlaub, Ferien 14 Urlaub 36
estar/ir de vacaciones in Urlaub sein/gehen 36
vacío leer 34
vacuno Rind- D*
vainilla Vanille 19
vais *(Präs. ir)* ihr geht 12
Vale. Einverstanden. 12
valer kosten 18; wert sein 33
¿Cuánto vale ... ? Wieviel kostet ... ? 18
Valencia *autonome Region im Osten Spaniens* 9
valenciano *hier: Sprache, die im Gebiet des ehemaligen Königreichs von Valencia noch gesprochen wird* C*
Valladolid *Stadt nordwestlich von Madrid* 5
el **valor** Wert B*
Vamos. *(Präs. ir)* (Auf,) Gehen wir. 4
La Vanguardia *Tageszeitung aus Barcelona* 4
los **vaqueros** Jeans 30
Vargas LLosa *peruanischer Schriftsteller, geboren 1936 in Arequipa* 12
variado abwechslungsreich C*; *hier:* vielfältig D*
la **variedad** Vielfalt 30
varios, -as verschiedene D*
varias veces mehrmals 23
varios años einige Jahre 25
vas *(Präs. ir)* du fährst/gehst 6
¿Cómo vas? Wie fährst/gehst du hin? 6
vasco Baske 9
el **País Vasco** Baskenland 5
el **vasco** Baske D*
Vasco Nuñez de Balboa (1475–1517) *span. Eroberer, der als Erster durch die Meerenge von Panama gefahren ist und den „Stillen" Ozean entdeckt hat* A*
el **vascuence** Baskisch *(Sprache)* D*
el **vaso** (Trink-)Glas 35
¡Vaya! Na so etwas! 29
¡Vaya coche! Was für ein Auto! 15
Vega *Dorf an der asturischen Küste* 22
el **vehículo** Fahrzeug 32
veinte zwanzig 12
el **veinte (de septiembre)** am zwanzigsten (September) 20
veinticinco fünfundzwanzig 38
veintiocho achtundzwanzig 28
vencer *(venzo)* besiegen A*
el **vendedor** Verkäufer 4

W

X

Y

Z

Nützliche Wendungen

1. Grußformeln

Buenos días. Buenas tardes. Buenas noches. ¡Hola!	Guten Morgen/Tag. Guten Tag/Abend. Guten Abend. Gute Nacht. Hallo!
– ¿Cómo está usted? ○ Muy bien, gracias. ¿Y usted?	– Wie geht es Ihnen? ○ Sehr gut, danke. Und Ihnen?
¿Cómo está la señora Pérez? ¿Se encuentra bien?	Wie geht es Frau Pérez? Geht es Ihr/Ihnen gut?
– ¿Qué tal? ○ Bien, ¿y tú/vosotros/usted?	– Wie geht es dir/euch/Ihnen? ○ Gut, und dir/euch/Ihnen?
¿Qué te/le pasa? ¡Cuánto tiempo sin verte/verle!	Was ist los mit dir/Ihnen? (Wir haben uns) lange nicht mehr gesehen!
Adiós, hasta mañana. hasta luego. hasta pronto. hasta el lunes.	Auf Wiedersehen. Bis morgen. Bis dann/bald. Bis bald. Bis Montag.
Carlos, te presento a Anita.	Carlos, das ist Anita. (Ich möchte dir Anita vorstellen.)
Encantado. Encantada. Mucho gusto.	(Sehr) angenehm! Angenehm!
¡Adelante! ¡Pase/Pasa!	Treten Sie ein! (Herein!) (Kommen Sie/Komm) herein!

2. Gratulation, gute Wünsche

¡Felicidades!	Herzlichen Glückwunsch!
¡Que lo pase bien! ¡Que lo pases bien! Igualmente.	Viel Vergnügen! *(Sie)* Viel Vergnügen! *(du)* Ebenfalls.
¡Felices Navidades/Pascuas!	Frohe Weihnachten!

3. Höflichkeitsformeln

Por favor …	Bitte … *(als Wunsch)*
Tenga.	Bitte sehr. (Hier ist …, Hier haben Sie …)
Tome.	Bitte. (Nehmen Sie!)
Toma.	Bitte. (Nimm!)
Perdón. (Perdone.)	Entschuldigung. (Entschuldigen Sie.)
– Muchas gracias.	– Vielen Dank.
∘ De nada. (A usted.)	∘ Keine Ursache. Gern geschehen. (Ich habe zu danken.)

4. Brieffloskeln

Querido …: Querida …:	Lieber …, Liebe …,
Hola, …	Hallo, …
Saludos.	Grüße.
Besos.	Küsse.
Abrazos.	Umarmungen. (Es umarmt Dich …)
Recuerdos a …	Grüße an …

5. Ein Gespräch einleiten

Señor/Señora/Señorita, por favor …	Entschuldigen Sie bitte …,
Oye.	Hör mal. (Entschuldige …)
Oiga.	Hören Sie bitte … Entschuldigen Sie bitte …
Diga.	Was kann ich für Sie tun? Ja bitte?
Dígame.	Ja bitte? *(am Telefon)*
Mire.	Sehen Sie mal!
Mira.	Sieh mal!
¡Socorro!	Hilfe!

6. Einwilligen, ablehnen, annehmen, erklären

Eso sí.	Das ja/schon.
Eso es.	Genau so (ist es).
Es verdad.	Das stimmt.
Buena idea.	Gute Idee.
De acuerdo.	Einverstanden.
Vale.	Einverstanden. O.K.
Claro.	Natürlich.
Sí, claro.	Ja, sicher.
Mejor …	Lieber … (Besser …)
No, gracias.	Nein, danke.
(Muchas) gracias.	Danke. (Vielen Dank.)
Está bien.	Es stimmt/ist gut so.
Es que …	Es ist so, daß … (Eigentlich …)
Claro que …	Es ist klar, daß … (Natürlich …)

7. Zweifel, Unsicherheit

Pues …	Nun … (Dann …)
Bueno …	Gut … (Also …)
A ver.	Mal sehen.
No sé.	Ich weiß (es) nicht.
Creo que sí.	Ich glaube schon.
Me parece que …	Ich glaube, daß … (Mir scheint, daß …)
A lo mejor …	Vielleicht …
Quizás … (Quizá …)	Vielleicht …
Espera.	Warte.
… ¿eh? – … ¿no? – … ¿verdad?	nicht wahr?

8. Erstaunen

¡Vaya coche!	Ist das ein Auto! Was für ein Auto!
¿Es verdad? ¿Es cierto?	Stimmt das (wirklich)?
¿De verdad?	Wirklich?
¿Tanto?	So viel?
Ah, ¿sí?	Tatsächlich?
¡Ah, sí!	Doch, ja.

9. Billigung und Mißbilligung

¿Que te parece?	Was hältst du davon?
Me gusta(n) …	Ich mag …
Me encanta(n) …	Ich mag … sehr.
Muy bien.	Sehr gut!
Está bien.	Gut so! (Es stimmt so.)
¡Qué bien!	Prima!
¡Estupendo!	Ausgezeichnet!
¡Sensacional!	Phantastisch! (Ganz toll!)
¡Fabuloso!	Fabelhaft!
No me gusta(n) …	Ich mag … nicht.
¡Qué horror!	Fürchterlich!
¡Qué asco!	Ekelhaft! (Wie ekelig!)
Es feísimo.	Das ist ausgesprochen häßlich!
Esto es una tomadura de pelo.	Das ist der reinste Witz! (Hier wird man auf den Arm genommen.)
¡Vaya!	Oje!
¡Qué cosa más rara!	(Das ist aber) komisch!

10. Bedauern

Lo siento.	Tut mir leid.
¡Qué mala suerte!	Was für ein Pech!
¡Qué pena!	Wie schade!
¡Qué desgracia!	Welch ein Unglück!
¡Pobre! (¡Pobres!)	Du Arme(r)! Arme(r)! (Die Armen! Ihr Armen!)
¡Pobrecito! (¡Pobrecita!)	Du Ärmster! Der Ärmste! (Du Ärmste! Die Ärmste!)

11. Einwand, Irritation

¡No, hombre, no!	Nein, Mensch! *(an einen Mann gerichtet)*
¡No, mujer, no!	Nein, Mensch! *(an eine Frau gerichtet)*
Pero, chico/chica ...	Aber Junge/Mädchen ...
Pero, hombre/mujer ...	Mensch!
¡Qué va!	Ach, was!
¡Ay, por Dios!	Um Gottes willen!
¡Caramba!	Donnerwetter!
¡Si ya es demasiado tarde!	Es ist aber schon zu spät!
¡Si hay muy poca gente!	Es sind aber wenig Leute da!

Refranes españoles – Spanische Sprichwörter

1. **Me llamo andana.** Mein Name ist Hase.

   andana (in der Gaunersprache) = Kirche, Asylrecht.

   Damit war ursprünglich gemeint: „Ich heiße Kirche“, d.h. „Ich genieße Asylrecht.“
   In der Volkssprache bedeutet es jetzt: „Ich weiß von nichts“.

2. **Estás en Babia.** Du schwebst in den Wolken. Du lebst auf dem Mond.

   Babia = das Land der „Zerstreuten/Dummen“ (nach spanischer Überlieferung).

3. **Es de los tiempos de Maricastaña.** Das ist von Anno Tobak.

   Maricastaña = span. Mythengestalt für altmodisches Denken oder Handeln.

4. **El mundo es un pañuelo.** Wie klein die Welt doch ist.

   el pañuelo = Taschentuch

5. **No hay humo sin fuego.** Wo Rauch ist, ist auch Feuer.

   el humo = Rauch
   el fuego = Feuer

   etwa: Da steckt etwas dahinter. (Alles hat eine Ursache. Wo gehobelt wird, fallen Späne.)

6. **No hay atajo sin trabajo.** Ohne Fleiß kein Preis. (Der kürzeste Weg ist oft der anstrengendste.)

   el atajo = Abkürzung

7. **Poderoso caballero es Don Dinero.** Geld regiert die Welt.

   poderoso = mächtig
   el caballero = Herr, Reiter, Ritter

8. **De Madrid al cielo.** *etwa:* Von Madrid direkt in den Himmel.

el cielo = Himmel

(„Nur noch im Himmel ist es schöner" – meinen die Madrider, die außerdem hinzufügen: «Y allí, un agujerito para verlo.» „Und dort ein kleines Loch, um es – Madrid – sehen zu können.")

9. **La noche es buena consejera.** *etwa:* Es gibt Dinge, die man überschlafen sollte.

la consejera = Ratgeberin

(Man sagt z. B. auch: «Lo voy a consultar con la almohada.» „Ich will das Kopfkissen um Rat fragen." s. Nr. 18)

10. **Clara tiene mucho ángel.** Clara hat das gewisse Etwas. (viel Charme, ein gewinnendes Wesen)

Tener ángel = ein gewinnendes/attraktives Wesen haben.

11. **Un día es un día.** Einmal ist keinmal.

¿Por qué no tiramos la casa por la ventana? Warum hauen wir nicht ordentlich auf den Putz?

tirar = werfen
la casa = Haus
la ventana = Fenster
tirar la casa por la ventana = zuviel Geld auf einmal ausgeben; einen verschwenderischen Haushalt führen.

12. **Quien espera, desespera.** Hoffen und harren macht manchen zum Narren.

quien = wer
esperar = warten
desesperar = verzweifeln

13. **Siempre llega a las mil y quinientas.** *etwa:* Er/Sie kommt immer mit einer Riesenverspätung.

Mil steht im Spanischen ebenso wie *tausend* im Deutschen für „sehr/zu viel".

14. **Karin está hoy como unas castañuelas.** Karin ist heute mächtig aufgekratzt.

las castañuelas = Kastagnetten

15. **Lo que natura no da, Salamanca no lo presta.**

la natura(leza) = Natur
prestar = (ver)leihen

etwa: Was die Natur nicht gibt, kann auch (die Universität) Salamanca nicht verleihen.

Gemeint ist, daß bei fehlender Begabung oder Intelligenz auch ein Studium an Spaniens ehrwürdiger Universität nichts nützt.

Die vollständige „Studentenweisheit" lautet:

«Al que es tonto de nación
la tinta se le indigesta;
quien tiene dura la testa,
tonto vive y morirá.
Lo que natura no da,
Salamanca no lo presta.»

tonto = dumm
tonto de nación (hier): dumm geboren
indigestar = schlecht bekommen
la testa = Kopf
tener dura la testa = schwer von Begriff sein

16. **Esa medicina es mano de santo.**

la mano = Hand
el santo = Heiliger

etwa: Diese Medizin ist ein ausgezeichnetes Heilmittel.

17. **Ángel y Ernesto son uña y carne.**

la uña = Nagel
la carne = Fleisch

Ángel und Ernesto sind ein Herz und eine Seele. (So miteinander verwachsen wie der Nagel am Finger.)

Tienes que tener mucho ojo.

el ojo = Auge

etwa: Du mußt gut aufpassen.

18. **Tengo que consultar con la almohada.**

consultar con = sich beraten mit
la almohada = Kopfkissen

Das muß ich überschlafen. (Ich muß das Kopfkissen um Rat fragen." s. Nr. 9)

Don Julián es un hombre entrado en años.

etwa: Don Julián ist ein älterer Herr.

entrado en años = in die Jahre gekommen

19. **Así matamos dos pájaros de un tiro.**

matar = töten
el pájaro = Vogel
el tiro = Schuß

So schlagen wir zwei Fliegen mit einer Klappe.

20. **Ese trabajo es cosa de coser y cantar.**

coser = nähen
cantar = singen

etwa: Das ist eine kinderleichte Arbeit. (Die Arbeit ist so leicht, daß man gleichzeitig nähen und singen kann.)

21. **Ana ha dado calabazas a Miguel.**

la calabaza = Kürbis

Ana hat Miguel einen Korb gegeben.

Una cosa es la amistad y otra cosa es el negocio.

la amistad = Freundschaft
el negocio = Geschäft

etwa: Freundschaft ist eine Sache und geschäftliche Angelegenheiten eine andere.

22. **Isabel tiene mucho rollo.**

el rollo = ermüdendes Gerede

etwa: Isabel versucht mit ihrem ewigen Gerede, andere von ihren Gedanken zu überzeugen.

23. **Cuando el río suena, agua lleva.**

sonar = (er)klingen
llevar = tragen, mit sich führen

etwa: Wenn der Fluß rauscht, dann führt er Wasser. (Vielleicht nicht alles, aber etwas von dem, was man sagt, wird wohl wahr sein.)

24. **No entiendes nada.**

Du verstehst nichts.

Eso parece chino.

Das kommt mir Spanisch vor. (Was den Deutschen Spanisch vorkommt, klingt für Spanier „Chinesisch".)

25. **Quien fue a Sevilla, perdió su silla.**

perder = verlieren
la silla = Stuhl

Weggegangen, Platz vergangen.

26. **Tiene muy mala cara.**

la cara = Gesicht; Aussehen

Sie/Er sieht sehr schlecht aus.

Hoy no estoy muy católico.

Heute bin ich nicht ganz auf dem Damm.

católico = katholisch; *hier:* einwandfrei, gesund

27. **He dormido como un tronco.** — Ich habe geschlafen wie ein Murmeltier.

el tronco = Baumstamm

28. **A mal tiempo, buena cara.** — Gute Miene zum bösen Spiel.

la cara = Gesicht

Nueve meses de invierno y tres de infierno. — *etwa:* Neun Monate lang Winter und drei heiß wie die Hölle.

el infierno = Hölle (So sagt man über das Wetter in Kastilien.)

En abril, aguas mil. — *etwa:* Im April kann es in Strömen regnen.

Julia solamente tiene diecisiete primaveras. — Julia ist erst siebzehn Lenze alt.

la primavera = Frühling, Lenz

Una golondrina no hace verano. — Eine Schwalbe macht noch keinen Sommer.

la golondrina = Schwalbe

29. **Genio y figura hasta la sepultura.** — Niemand kann über seinen Schatten springen.

el genio = Wesensart; Geist
la figura = Figur, Aussehen; *hier:* Stil, Persönlichkeit
la sepultura = Grab; Bestattung

30. **En casa del herrero, cuchillo de palo.** — Der Schneider hat keine Kleider. Des Schusters Frau geht barfuß.

el herrero = Schmied
el cuchillo = Messer
de palo = aus Holz

31. **Estás como niño con zapatos nuevos.** — Du freust dich wie ein Kind auf Weihnachten. (Du bist wie ein Kind mit neuen Schuhen.)

el zapato = Schuh

Zapatero, a tus zapatos. — Schuster, bleib bei deinem Leisten.

el zapatero = Schuster

32. **Esa historia no tiene pies ni cabeza.** — Diese Geschichte hat weder Hand noch Fuß.

la historia = Geschichte
el pie = Fuß
la cabeza = Kopf

33. **Quien mucho abarca, poco aprieta.** — Wer viel beginnt, zu nichts es bringt.

abarcar = umfassen, umschließen
apretar = drücken

34. **Mi hermano vive en el quinto pino.** — Mein Bruder wohnt am Ende der Welt.

el hermano = Bruder
quinto = fünfter
el pino = Pinie

35. **Saludos a tu media naranja.** — Grüße deine bessere Hälfte.

medio, -a = halb
la naranja = Apfelsine

36. **A quien madruga, Dios le ayuda.** — Morgenstund' hat Gold im Mund.

madrugar = früh aufstehen
Dios = Gott
ayudar = helfen

Te he echado mucho de menos. — Ich habe dich sehr vermißt.

echar de menos = vermissen

37. **Eso se arregla en un santiamén.** — Das wird im Nu erledigt.

arreglar = erledigen; in Ordnung bringen
en un santiamén = im Handumdrehen, im Nu

(Das Wort „santiamén“ stammt, wie viele andere spanische Wendungen, aus dem Kirchenbereich. Beim Schlagen des Kreuzes betet man: «In nomine Patris et Filii et Spiritus *Sancti. Amen*». Dies geht schnell vor sich und ist auch das Zeichen für das Ende des Gottesdienstes.)

Lo hemos terminado en un abrir y cerrar de ojos.	Wir haben das im Nu beendet.
terminar = beenden *abrir* = öffnen *cerrar* = schließen *el ojo* = Auge	
38. **Ha salido el tiro por la culata.**	Der Schuß ist nach hinten losgegangen.
salir = herauskommen *el tiro* = Schuß *la culata* = Gewehrkolben	
No es oro todo lo que reluce.	Es ist nicht alles Gold, was glänzt.
el oro = Gold *relucir* = glänzen	
39. **Al pan, pan, y al vino, vino.**	Die Dinge beim Namen nennen.
el pan = Brot *el vino* = Wein	
Preguntando se llega a Roma.	Alle Wege führen nach Rom.
preguntar = fragen *llegar* = ankommen	
40. **No hay peor sordo que el que no quiere oír.**	*etwa:* Kein Tauber ist schlimmer als der, der nicht hören will.
peor = schlechter *el sordo* = der Taube *oír* = hören	

EL ESPAÑOL EN EL MUNDO

ESPAÑA
Islas Canarias
Malabo
GUINEA ECUATORIAL
ATLÁNTICO

Bildnachweis:

Zeichnungen: Göran Lindgren
Karten: Kjell Lähet, Rolf Engström
Klett-Kartographie (J. Krüger)
S. 190, 191, 193.
Grafik S. 14: Münsing
Umschlagfoto: Sabine Segoviano, Stuttgart

H. Beek S. 35, 55; L. Berg/TIO 95 (2); Embajada de Perú 88 (1); S. Crass, Rheda-Wiedenbrück 29 (1); B. Edergren 88 (3); FOTO STOCK, Barcelona 28 (2); 39; 43 (1); 63 (1, 2) 73; Gobierno de Navarra, Pamplona 43 (2); P. Hanneberg 95 (1); F. Herráez/COVER 102 (1); Institut für Auslandsbeziehungen, Stuttgart 91 (1); 92 (1, 2); 93 (1, 2); 96 (1, 3) 99 (1, 2); 100 (1, 4); 101; 104 (2, 3); W. Krabel 53; 86; B. Larson 19; G. Lindgren 48; Ministerio de Industria y Energía 69; 83; Museo de La Rioja, Logroño 69; N. J. Norenlind 66/67; T. Olofson/Mira 102 (2); L. Olson /TIO 94; Scanbild 47; 65; 92 (4); 96 (2); 103 (29); V. Schöbel, Stuttgart 15 (1, 2); Secretaría General de Turismo 89 (1, 2); 91 (2); 92 (3); 97 (2); S. Segoviano, Stuttgart 28 (1); 104 (1); U. Sjöstedt/TIO 97 (1); Stackmann/Po/TIO 87; A. Suárez/COVER 103 (1); THE IMAGE BANK, Madrid 20; 36; 45; H. Wretling/TIO 29 (2).